AF271920

2023

Impresión y editorial: BoD – Books on Demand
info@bod.com.es - www.bod.com.es
Impreso en Alemania – Printed in Germany
ISBN: 9788411238212

EL ÚLTIMO MONO TRABAJANDO EN BANCA

Adrián Navalón Osa

Twitter: @ANavalonOSa

Instagram: navalonosa

A ti, mamá, por tu esforzado ejemplo

A ti, papa: sigo tus consejos

A María

ÍNDICE

Introducción

En las páginas que siguen encontrarán varios capítulos mediante los cuales vamos a realizar un recorrido por algunos aspectos del sector bancario que a mi juicio son interesantes, relevantes, y a menudo sangrantes.

Encontrarán, tras esta introducción, el Capítulo I titulado "El último mono trabajando en banca", en el cual relato mi experiencia personal trabajando en una sucursal bancaria. Es una experiencia breve, apenas fueron dos meses, pero una experiencia que les puedo adelantar que fue intensa y en la que pude aprender mucho de lo que ocurre dentro de las oficinas bancarias de nuestro país. En este breve periodo conocí sobre todo de lo humano, de las sombras y de la oscuridad, de los tejemanejes y de estrategias abyectas al servicio del capital; conocí del dolor, de la pobreza, de la ambición y de la falta de ética. Debo admitir que lo que voy a contar seguramente usted ya lo haya vivido en propias carnes o al menos lo habrá intuido, seguro que muchas personas, pero les aseguro que una cosa es intuirlo y otra cosa distinta es vivirlo desde dentro.

Después, en el Capítulo II, trataremos de situar y contextualizar la situación del sector bancario español en la actualidad. Para ello, y espero no aburrirle con ello, expondré la historia cercana del sector bancario español de la forma más

1

breve que buenamente he podido conseguir escribir. Creo que este análisis es necesario para entender la actualidad y para entender el sector bancario. No esperen encontrar en este análisis un análisis académico, más bien la intención es que sea algo sencillo y útil, una breve explicación en la que, aun no siendo un experto del sistema financiero, he intentado entender la complejidad de los avatares históricos contemporáneos que nos traen hasta el aquí y ahora para poder explicarlos de la mejor manera.

En el Capítulo III encontrarán una serie de consejos que espero le sean útiles. Al igual que en el capítulo anterior, no encontrarán consejos financieros de un especialista en la materia sino simplemente una serie de precauciones, muy básicas, para prevenir algunos de los habituales quebraderos de cabeza que la clientela de la banca y los servicios financieros sufrimos. Para ello, pese a no ser un experto en asesoría financiera, si puedo afirmar que me servirá mi formación jurídica, mi experiencia laboral y profesional, la aplicación del sentido común y, sin miedo a admitirlo, una buena dosis de desconfianza hacia las entidades bancarias y de crédito.

El Capítulo IV, último capítulo, es un cambio de aires respecto de los capítulos anteriores. En este capítulo abordaré algunos debates que creo que es necesario abrir y desarrollaré algunas propuestas que creo que son necesarias para mejorar la relación de las personas con la actividad bancaria con la vista puesta siempre en la protección de la clientela, es decir, pensando en las personas que nos encontramos detrás del número de cuenta que ven las entidades bancarias. Este capítulo me hace verdadera ilusión poder exponerlo al mundo y poder, mediante la lectura que usted haga, introducir algunos temas en el debate público y en la reflexión colectiva. Creo también que es un deber de todas aquellas personas que escribimos, de todas aquellas personas que reflexionamos sobre política en

2

cualquiera de sus manifestaciones, no quedarnos únicamente en la crítica sino pasar a la acción y a la propuesta y tratar con ello de hacer avanzar al mundo hacia coordenadas de vida más dignas y más justas y, en la medida de lo humildemente posible, hacer la vida de las personas un poquito mejor.

Sin más, y esperando que sea ésta una lectura amena, constructiva y, sobre todo, útil, quiero agradecerle su atención de antemano y brindarle un afectuoso saludo.

Adrián Navalón Osa

Capítulo I. El último mono trabajando en banca

El 1 de junio de 2022 comencé a trabajar en un banco. Me ahorraré el nombre del mismo porque por desgracia imagino que lo que voy a contar no pasa solo en la entidad en la que yo me he desempeñado. Mi trabajo era sencillo, en apariencia, yo simplemente tenía que dedicarme a ayudar a la clientela a realizar operaciones bancarias en los cajeros y liberar las largas colas y esperas para hacer esas operaciones a través del método tradicional de la atención en ventanilla o caja. Llamaban informalmente a mi puesto "rompecolas".

A su vez tenía que ayudar y motivar a esas personas a que empezarán a hacer sus gestiones mediante la banca electrónica (migrar a la banca electrónica): les ayudaba a descargar las aplicaciones, a poner contraseñas seguras, les ayudaba a entender cómo funcionaban (aunque yo no tenía mucha idea pero mis contratantes suponían que por ser joven estaría al tanto de las aplicaciones y todas sus funcionalidades y disfuncionalidades, cosa que de hecho no era así. Además, no dedicaron ni un segundo a formarme a mí ni a mis compañeros sobre dichas aplicaciones).

En otras palabras, me contrataron para que enseñara a las personas a hacer operaciones en los cajeros para evitar que las hicieran en la ventanilla tal y como tradicionalmente se había hecho para así ir acostumbrando a la clientela de la banca presencial a utilizar menos del servicio de ventanilla hasta que lograran, desde la entidad bancaria, imponer su total y absoluta desaparición. Querían que la gente "dependiese" menos de la atención personal...

Lo diré ahora de forma clara, se querían cargar el servicio de ventanilla y han estado utilizando a gente joven como yo para enseñar, sobre todo a las personas mayores, a sacar dinero en los cajeros y a actualizar las cartillas que son principalmente las operaciones que realizan las personas mayores en los bancos y sobretodo cuando llegan los días veinticuatro y veinticinco de cada mes que es cuando cobran las pensiones.

Pues bien, los primeros días de trabajo fueron llevaderos. El servicio de ventanilla y caja presencial duraba todo el horario de apertura comercial de la sucursal (de 8.15 a 14 horas) por lo que cualquier persona que venía tenía la posibilidad de ir por la vía tradicional de la ventanilla o probar y aprender la otra vía, la de las y los jovenzuelos que había contratado la entidad para enseñar y ayudar a la gente a hacer las operaciones por los cajeros. En esos primeros días el trabajo fue agradable.

Pese al eufemismo con el que llamaban oficialmente a mi puesto, los PAD (Personal de Apoyo a la Digitalización), yo era plenamente consciente de que estaba siendo una pieza más del engranaje de la banca para dar menos y peores servicios manteniendo o incluso aumentando los beneficios, pero bueno, uno tiene que comer y en tanto en cuanto este trabajo era una oportunidad temporal de llevar un sueldo a casa (por primera vez mínimamente adecuado a mi formación) pues tiré para adelante. Como decía, en esos primeros días en los que uno coge el trabajo con ganas e ilusión incluso aunque trabaje para el más feroz y desalmado de los enemigos de la clase obrera, en esos días, el trabajo fue agradable (aunque no tenía silla propia ni escritorio y pasaba todas las horas de trabajo de pie. Tampoco era un gran drama aunque acababa todos los días con dolor en los pies y la espalda).

En esos primeros días en los que la clientela tenía las dos posibilidades, ventanilla y cajeros, la cosa fue bien. Yo le iba preguntando a la gente que operación iba a hacer y si lo podían hacer por los cajeros les proponía hacerla por esa vía con mi ayuda si querían aprender o hacerlas con mayor seguridad. Para ello, además, les vendía la moto (en parte cierta) que quienes me pagaban me decían que tenía que vender: así usted no tendrá que hacer colas la próxima vez y así la próxima vez puede usted venir cuando quiera aunque el banco esté cerrado.

Quiénes accedían lo hacían, en su mayoría, de buen grado y yo, acostumbrado a trabajar cara al público en la hostelería pues tiraba de humor y de gracia para explicarles las cosas. Por cierto, decir que quienes más se prestaban a aprender eran las señoras mayores, más que los señores que, sin ánimo de generalizar, se mostraban más tajantes y determinados a hacer las cosas como tradicionalmente las habían hecho.

Les enseñaba a sacar dinero, a hacer ingresos, a pagar recibos no domiciliados, a domiciliarlos a través del cajero, a pagar impuestos, tasas y multas, a hacer transferencias y en todo aquello que yo no sabía o en todo aquello que me superaba enviaba a la gente a la caja o con otro compañero PAD que llevaba ya unos meses trabajando y ya sabía unas cuantas cosas más que yo. Como quien accedía a mis ofrecimientos lo hacía de forma voluntaria y yo le ponía gracia al asunto pues la clientela salía contenta y yo hasta me sentía bien. En su gran mayoría la clientela se iba agradecida. Solían decir que ya era hora de que pusieran gente joven para ayudarles; para mis adentros pensaba "¡ay pobreta, si yo voy a durar dos telediarios aquí!" Mi puesto, realmente, era temporal: hasta que la entidad lograra su objetivo o hasta que a la directora o al subdirector se les ocurriera meterme presión comercial (vender productos financieros), momento ese en el que tenía clara la dimisión: de ninguna manera iba yo a encasquetarle a alguien contratos que de buena mano sabía que eran cuanto menos innecesarios para el cliente y en más de dos y de tres ocasiones hasta abusivos y usureros.

Ojo, no quiero yo aquí ser el más digno, pues conozco de gente muy digna y muy buena que por desgracia le ha tocado trabajar en banca. Vender productos financieros era mi línea rojo porque estaba plenamente determinado a que lo fuese, ayudado además por la conciencia clara de que este trabajo era temporal y de que el sector bancario no iba a ser mi futuro.

Bueno, comentaré brevemente como viví esos primeros días internamente con el personal de la oficina. Ya os digo que no esperaba adalides de la ética profesional y desde luego, os puedo asegurar, no los encontré. Encontré un desprecio profundo por los clientes, por las personas en general y especialmente por las personas mayores y por los numeritos que representan sus anticuadas cartillas bancarias... Este desprecio se puede dividir o, mejor dicho, yo lo divido de dos formas: hay un desprecio de quienes se comen los marrones, de quienes reciben la presión cotidiana y quienes casi todos los días reciben insultos pese a que solo son personas trabajadoras que, naturalmente, llega un momento en que se hartan, se ponen la coraza y les importan un carajo los clientes del banco que les paga el suelo.

Este desprecio es una actitud que además encajaba con las pretensiones del banco: el mejor cliente es el que no viene, el que no consume el tiempo, el que no utiliza recursos, el que no da por saco con el cobro de comisiones, con la renovación de la cartilla rota, etc. Este desprecio estoy seguro que no fue siempre así sino que creo que al principio estas personas comenzarían con el mismo entusiasmo con el que yo trabajaba, pero claro, si deterioran tu puesto de trabajo, si además tu sector se dedica a vender contratos éticamente cuestionables y te lanzan a los pies de los caballos para que te comas todos los marrones, inevitablemente se acaba por agriar el carácter. Os aseguro que esa persona que os atiende en caja (que es quien más me cuidó) o en la banca comercial, por lo general son unas personas fabulosas y buenas compañeras y compañeros, quizás algo cínicos con el tiempo, pero personas normales. Trátenlas bien, por favor. No quiero decir con esto que se fíen de ellas, solo que se les trate con el respeto que merece cualquier persona en su puesto de trabajo.

Hay un segundo desprecio, el del siguiente nivel, el desprecio del nivel comercial, ese nivel que solo piensa en el número de operaciones que se pueden ahorrar si se quitan de encima todos los pobres y jubilados y cuantos contratos se podrían cerrar si dedicasen el tiempo de atención en ventanilla a llamar por teléfono a la cartera de clientes. Allí, en el nivel comercial, les importamos un carajo. En ventanilla y las personas gestoras por lo menos, en ocasiones, tratan de resolverte los bloqueos de la cuentas, cogen los poderes de la finca, renuevan las cartillas si se han roto o hacen la transferencia para que se le pueda pagar el alquiler al nene que está estudiando el Erasmus en Polonia o en Italia. Sin embargo, cuando uno ve el nivel comercial y ve el funcionamiento por dentro ve que les importamos solo en función de lo que puedan conseguir ellos de nosotros y no nosotros, como clientes, con ellos o de ellos. Sé que esto es una obviedad, sé que todo el mundo con un mínimo de sentido crítico de la realidad lo sabe, pero verlo y sentirlo es diferente. No es lo mismo estudiar la teoría de la gravedad a que te caiga una maceta del balcón del quinto piso y acabes con la cabeza abierta y una herida de gravedad.

El desprecio del nivel comercial si acaso alguna vez tiene un haz de luz humana, pero muy pocas veces, la mayoría de lo que yo escuchaba eran discursos de manipulación económica, financiera e incluso emocional para que el cliente se llevara con el préstamo una tarjeta de crédito para comprar sus cosillas a plazos con un interés usurero o un seguro de vida (porque -decía la gestora/comercial- "Dios no lo quiera pero y si te pasa algo y tus hijos heredan la deuda ¿Cómo te sentirías? ¿Te imaginas el pufo que se les queda?"... La herencia a beneficio de inventario parece que no existe y aunque está muy bien tener presente la muerte, utilizarla de esa manera es cuanto menos éticamente asqueroso); ya puestos le encasquetaban al cliente otro seguro de salud, aunque tuviera una invalidez total, infarto de miocardio, fumara más de veintidós cigarros al día y tuviera solo 44 años. Imaginaos que coberturas tiene ese seguro de salud, de 150 euros al año y con el perfil que os acabo de describir que es de alto riesgo para cualquier aseguradora médica porque, evidentemente, es un cliente sinónimo de enfermedad próxima y por tanto gasto. Este caso lo vi, el del fumador con infarto, se firmó a dos metros de mí. Ese seguro reportará una comisión a la comercial que lo vendió y el cliente jamás, insisto, jamás, lo utilizará. Lo dicho, no les importa nada la clientela, obvia y simplemente llevamos en nuestras caras el simbolito del dólar.

Otro caso real: una mujer, sin trabajo, sin ingresos, sin un euro en la cuenta bancaria y pagando varios créditos personales (que la cotejé yo antes de que pasara con el departamento comercial); una mujer muy fastidiada físicamente y con una desesperación evidente. Pidió un crédito de 5.000 euros, y cito textualmente, "para ir tirando tranquila". Y yo flipando, seguir tirando tranquila viviendo a crédito, una genial idea financiera. Seguí su caso con la oreja puesta. La comercial que le tocó estudió la situación y rápidamente se dio cuenta de que un préstamo de esa cantidad a esta señora levantaba todas las alarmas de impago, persona de riesgo. La comercial se levantó con la excusa de hacer una consulta y fue a hablar con el subdirector. Miraron juntos el caso. Yo, flipando de que se lo plantearan, fui discretamente a la mesa del subdirector (que conmigo siempre fue un amor de hombre) con una estúpida pregunta que nada tenía que ver con el caso y una vez allí le pregunté por si le iban a dar crédito. Me dice que sí, aunque solo 1.500, que darle más era ahogarla y que ya sabía que lo que iba a hacer era utilizar ese crédito para ir pagando otros créditos. No ahogarla, porque si la ahogaba, (si nos ahogan) dejan de tener una clienta asidua al crédito y pasan a tener un problema por impagos. Hay que mantener viva a la gallina de los huevos de oro como sea, aunque casi no le queden plumas, ya no ponga huevos y apenas se tenga en pie.

Otro caso real: una señora, de más de 90 años, cada vez que sacaba dinero sacaba 100 euritos a crédito porque cuando viene la pensión le descuentan todo de golpe. No le cobraban intereses, al menos algo era algo. Venía con su hija, que también venía a pedir crédito para el mes. Entre las dos no juntaban una renta mensual superior a 1.200 euros, sin ahorros. La vida y la pobreza financiada. Otro día más en la oficina.

Bueno, me he adelantado mucho, como les narraba antes, los primeros días de trabajo muy bien, yo contento y la gente agradecida por la simpatía, por la paciencia para enseñarles y por librarles de la cola. Una mujer me dio hasta una propina para que me tomara unas cervezas a su salud y otra me regaló una botella de una conocida crema de whisky. Sin embargo esto estaba a punto de tocar a su fin.

La sucursal en la que recalé era una de las últimas oficinas por reformar y remodelar, todavía no le había llegado el turno. En las nuevas oficinas, las reformadas, ya no había servicio de ventanilla y caja para el público si no tenían cita previa y con horario hiper-reducido, solo había servicio en los cajeros automáticos que a ojos de la gente mayor (y de otra tanta no tan mayor) parecen los puestos de mando de una nave espacial intergaláctica.

Pues bien, la directora nos convocó a una reunión y nos explicó, a mi compañero PAD y a mi compañera de ventanilla que aunque éramos de las pocas sucursales todavía tradicionales (y que daba servicio a la clientela de cuatro sucursales antiguas de la zona), era hora de empezar ya la conversión de la sucursal y que había que comenzar a "educar" a la clientela en que ya no iba a haber ventanilla ni caja y que lo primero que íbamos a hacer era reducir el horario: hasta ese momento se atendía de 8.15 a 14.30 en ventanilla pero a partir de ese momento iba a pasar de 8.15 a 11 horas. Reduciríamos más del 50% el tiempo dedicado a las atenciones personales, esas que son las más necesarias para la clientela, y además íbamos a reducir de dos personas dando servicio de ventanilla a una. Es decir, no era una reducción a la mitad del servicio, sino una reducción de más del 75%.

La directora, con un tono amable, motivador y a la vez empático nos dijo también que era consciente de que llevaría su tiempo y de que habría gente que se enfadaría, pero que ante cualquier problema la llamáramos a ella, que esto es un trabajo en equipo. Yo pensé para mis adentros: "claro que sí guapi, vas a bajar tú a que te coloreen la cara cada diez minutos". Lo importante, según la directora, era comenzar a reducir el

12

número de operaciones que se realizaban por ventanilla y caja y redirigir toda esa operatividad a los cajeros. Me dio la enhorabuena porque me veía muy amable, paciente y espabilado con la clientela: ¡Te vas a comer los marrones, pero lo haces muy bien!

Yo, que antes iba pululando entre los cajeros y la cola de la ventanilla, ahora tendría un puesto en la misma entrada del banco, un puesto que consistía en una cajonera alta con una tablet anclada y en el que durante tres semanas no tuve ni taburete para sentarme y un dolor de pies y de espalda al final del día que no me hacía mucha gracia. Allí estaba yo, de pie, en primera fila. A puerta gayola de rodillas esperando a la gente cabreada (y con razón) desde primera hora por la larga cola al solo haber un puesto de ventanilla donde antes habían dos y lo que es peor, el enfado de toda la gente que venía más a allá de las 11 para hacer trámites por ventanilla y les tenía que decir que no le íbamos a atender. De repente me convertí en el saco de boxeo en el que los clientes descontentos (la inmensa mayoría) sacudían su razonable enfado.

Quejas (con razón) a todas horas: "cada vez el servicio es peor"; "tenéis mi dinero y solo hacéis que putearme"; "¿me he pedido el día para venir al banco y no me atendéis? ¡Sois unos hijos de...!"; "me estáis cobrando comisiones y encima esto, me voy a llevar mi dinero", etc. etc. etc. Mis frases más repetidas eran: "yo le entiendo" y "tiene usted razón ", y prometo que todas y cada una de las veces que las dije las dije con sinceridad porque no había derecho.

Algunas veces hubo golpes duros. Una mujer mayor, enjuta y encorvada, con su hija enjuta y encorvada y con una enfermedad mental evidente, vinieron a las 11:05 el primer día. La cola para la caja, que era enorme porque encima recibíamos de rebote (y enfadados ya) a todo la gente que las otras sucursales nuevas ya no atendían, ya estaba cerrada. La compañera de ventanilla, la que se comía el enfado que ya había masticado yo media hora antes, les negó la atención.

La anciana y su hija, desubicadas, entraban a la oficina y salían sin saber muy bien que hacer. La gente de la cola les miraba con una mezcla de pena y aunque me duela admitirlo, también con algo de desprecio, como si molestaran con su confusa presencia. Mi compañera me miraba a mí como pidiendo que las echara de la sucursal. Finalmente se fueron ellas solas, yo no pensaba echarlas. "Estas viene todos los días y sacan veinte euros, que se acostumbren a sacar más" dijo la compañera. Cierto es que esa es una forma de gestionar la vida económica algo rara y torpe, pero igual de cierto es que aquella señora mayor difícilmente iba a cambiar su costumbre a la vejez porque se lo diga un banco. Recuerdo en mi familia que le quisieron quitar a mi abuelo el tabaco, apenas le quedaba un año de vida y ya casi ni veía ni oía. Gustaba de tomar carajillo y fumarse cuatro o cinco cigarros al día que más bien dejaba consumir entre sus dedos. A esas alturas de la vida no le podíamos quitar su pequeña alegría; a esa señora va a ser muy difícil cambiarle la costumbre y no se merece que el sistema le trate así, aunque mucho me temo que de una manera u otra la banca lo habrá conseguido o la habrá marginado.

Al día siguiente volvieron la madre y la hija a las 11.05 otra vez. No las cogimos de nuevo. Había que educarlas, la letra con sangre entra... Entonces empezaron, otra vez, a entrar y salir hasta que de repente, estando yo dentro de la oficina, se oye llorar a alguien en la zona de los cajeros. La madre estaba delante de un cajero, sin saber que hacer, llorando en silencio y la hija a su lado llorando a lágrima viva. Era el segundo o tercer día del nuevo método de trabajo que nos había impuesto la directora y las quejas me las tragaba, las asumía, pero ver a la gente así de jodida no, aquello ya me superaba... Me acerqué a la señora y me preguntó que como sacar el dinero de ahí, del cajero. Le pregunté si tenía tarjeta o cartilla con código personal pero no sabía ni lo que era. Me dijo que no les quedaba dinero, llorando, y su hija llorando al lado. Y yo resistiéndome para no llorar también de la rabia.

Ellas no lloraban por el dinero, lloraban porque se está configurando un mundo que les supera y que no entienden, un mundo que no les quiere entender. Se lo conté a la compañera de ventanilla, que cumple órdenes de quien le paga el sueldo pero que, como os he dicho, aún tenía corazón. Esta vez, por fin, les dejamos pasar discretamente porque claro, una vez cierras la cola luego no puedes ir haciendo excepciones a los ojos de las demás personas a las que no tratas como una excepción. Ese día, la madre y la hija, se llevaron dinero a casa. Al salir, pasadas las 12, me preguntó la señora: "¿mañana vengo a las 10?" "Sí, señora, venga a las diez", le contesté. "Gracias bonico". "¿Gracias por qué?", me pregunté yo. Días más adelante la madre vino a reclamar un seguro de hogar que alguien le había encasquetado a la hija largos meses atrás: casi 50 euros al mes a una persona con una ayuda estatal mínima y con suficientes signos externos que evidenciaban incapacidad para contratar. La ética se ha volado la tapa de los sesos y sus restos, invisibles, andaban por allí esparcidos y pudriéndose.

Otros días el golpe era verbal, golpes más allá de las quejas comprensibles. Bien es cierto que pasaba poco, pero igual de cierto es que raro fue el día en que no me pasó con al menos una persona. Insultos del tipo, "eres un ladrón, dame mi dinero". Yo, cuando ya se agotaba la paciencia contestaba: "no tengo su dinero... yo no pongo el horario señor... yo solo estoy aquí para ayudar en los cajeros e informar... solo estoy trabajando." También me dijo alguno que otro: "me saco todo el dinero de aquí y te dan por el culo hijo de puta", gritándome en la cara y mi pulso a doscientas pulsaciones. Yo me controlé,

15

respiré y por fortuna para mí se dio la vuelta y se largó. "¡Volveré!" gritó ya en la calle.

Volvió, cumplió su palabra y volvió, y al verlo volver me puse en guardia y rápidamente pensé en buscar ayuda e incluso en llamar a la policía. Me hizo un gesto para que saliera a la calle. No era un gesto agresivo por lo que accedí a salir. "Perdóname, yo no soy así, estoy avergonzado, pero es que este puto banco..." Y entonces mi frase ya mil veces repetida, "si yo le entiendo caballero... no se preocupe..." Me tendió la mano en gesto de disculpa y se la di. Le entendía perfectamente aunque me hubiera sacado de mis casillas. Me ofreció un cigarro y aunque ya fumo casi, en muy pocas ocasiones, solo esporádicamente, esta vez lo acepté, me permití dejarme sucumbir a la tentación.

He visto, en el tiempo que trabajé en el banco, muchas cartillas. He visto, sobre todo, mucha gente que pasa la vida con muy poco dinero. Demasiada gente con demasiado poco, especialmente mujeres viudas que pasan como pueden con pensiones no contributivas de 600 o 400 euros. He visto demasiada gente con demasiados préstamos personales y con tarjetas con intereses usureros y cláusulas abusivas. Más de dos y de tres vinieron preguntándome por cargos de la propia entidad que eran comisiones escalofriantes de 60 euros al trimestre por tener la tarjeta y otros 60 de mantenimiento de cuenta, de 2 euros por sacar dinero en ventanilla de la propia cuenta o créditos interminables de una tarjeta de doble naturaleza, débito y crédito.

En esto me voy a detener un segundo. Tarjeta de doble naturaleza con la que se saca dinero a débito de la propia cuenta personal desde el cajero y sin comisión ni intereses pero que a la hora de pagar en los comercios se convierte en tarjeta de crédito, es decir, las compras en el súper, en la frutería, Netflix o cualquier compra con la tarjeta por internet, se van acumulando en un monto que se pasa, a los dos días o al final de mes según el caso. En la sucursal le contaban a la clientela que esta tarjeta era la más adecuada, que servía para todo, que no se preocupasen por nada, y así, poco a poco, acostumbran a la gente que hasta ahora vivía tranquila con su tarjeta de débito a tirar del crédito hasta para las compras en el súper. Y he aquí que un problema surge (y buscado por la entidad), la gente pierde pierde el control del gasto y aumenta el consumo sin ser conscientes de ello.

De hecho esa tarjeta está pensada para incentivar el consumo, como si no fuésemos ya una sociedad suficientemente consumista. Tras la pandemia, las entidades bancarias vieron como el ahorro de la gente y de las familias aumentaba por lo que, en cuanto la situación volviera a la normalidad, había que incentivar el consumo y ahí iba a estar la banca para llevarse una parte del pastel. Las y los comerciales animaban a la gente a usar esta tarjeta con la excusa de que como mínimo solo tenían que hacer tres pagos al trimestre, pero les invitaban a hacer más y así se asegurasen de cumplir las condiciones y no pagar la comisión de 60 al trimestre (y así lo que realmente se aseguraban era la comisión comercial y los beneficios de la entidad).

Pues bien, la trampa de la tarjetita, gratis durante el primer año, es doble: en el cajero te ofrece dos posibilidades, sacar a débito del dinero que es tuyo o sacar a crédito, del dinero que presta el banco con una comisión. He aquí que más de dos y de tres caían en la trampa (casi siempre por desconocimiento o torpeza) y pagaban la comisión de 4 euros; la segunda de las trampas es que esa tarjeta es gratis el primer año, después, si querían que siguiera siendo gratis tenían que comprar algo y financiarlo a plazos, a plazos con un interés de más del 20% (declarado usurero por el Tribunal Supremo). A pagar en cómodas cuotas en las que apenas pagan deuda y pagan mucho de intereses. La fórmula de estas tarjetas abusivas, más adelante la veremos.

Además de la tarjeta antes nombrada he visto tarjetas declaradas usureras por el Tribunal Supremo, sobre todo de Carrefour, la tarjeta denominada Carrefour Pass y les he recomendado (con mucha discreción) a más de dos y tres recurrir a servicios legales para reclamar esas tarjetas. He visto también mini créditos y préstamos rápidos (esos que se anuncian en la televisión con gente súper contenta), de Cofidís, Creditea, Santander Consumers y demás financieras. Créditos de esos que realmente ahogan a la gente.

El banco estaba en plena re-estructuración por fusión y parte del personal de las antiguas entidades había sido prejubilado o despedido. Como consecuencia de estas prejubilaciones y despidos la entidad no podía contratar nuevo personal así que para hacerlo recurrían a empresas de trabajo temporal (ETT) como la que me contrató a mí. Es decir, gran parte del personal que se contrataba a través de la ETT se hacía en presunto fraude de ley o al menos lo rozaba. Esa era la situación y sin embargo el discurso de la directora era otro, era el típico discurso vendemotos.

La directora, a mi compañero y a mí, y a otra compañera que trabajaba en otra sucursal cercana que finalmente fue fusionada con la mía, nos habló en todo momento de que los contratos que teníamos se prorrogarían. A mí, sinceramente, me importaba poco, no pretendía estar mucho tiempo en ese trabajo, pero la compañera y el compañero si tenían verdadero interés en seguir. Así, las falsas promesas de una carrera en banca con todas la ventajas que ello conlleva les impulsaban a seguir trabajando incluso fuera del horario remunerado regalando todos los días media horita cuando no una hora al banco. Yo, que deseaba más la llegada del fin del contrato que otra cosa, era inmune a esas falsas promesas.

El final de esas falsas promesas fue el previsible: nuestros contratos terminaron y nos fuimos a la calle. La directora puso cara de tristeza y se preguntaba qué era lo que iba a hacer ella ahora con la sucursal en cuadro por la falta de personal. Mi contrato finalizó el día 31 julio, dos meses después de entrar, y el día 1 de agosto ya había otro chaval contratado de forma temporal en mi puesto al que, según tuve constancia posteriormente, apretaron todavía más las tuercas pagándole un salario por hora tres euros más bajo (de azafato) y ofreciéndole a la clientela un personal con apenas formación en bachillerato.

Es decir, la banca aprieta, a su clientela y a sus trabajadoras y trabajadores, por igual y sin miramiento alguno. La banca es la banca, amigas y amigos, es el capital... Y la banca siempre gana.

Capítulo II. Breve radiografía de la banca española

Caixabank[1], según las cuentas publicadas de 2022 ha logrado unos beneficios de 3.145 millones de euros, un 33% más que el año anterior. BBVA[2], por su parte, declara 6.420 millones de euros de beneficios y el banco Santander[3] 9.605. Estos son varios ejemplos de los beneficios mil millonarios que la banca de nuestro país ha conseguido en un contexto social y económico post-pandémico, de guerra en Europa, de alta inflación y sobre todo, de alza de los tipos de interés como medida para contener la inflación. Más allá de la utilidad o no de esta medida, es bien sabido que el alza en los tipos de interés afectará de forma sustancial a los préstamos hipotecarios encareciéndolos y poniendo en dificultades a las economías familiares. Todo sea por salvar el mercado.

En este contexto, las fuerzas de izquierdas han puesto sobre la mesa la necesariedad de establecer un impuesto sobre

---

[1]   https://www.eldiario.es/economia/banca-alcanza-beneficio-record-2022-ganar-20-800-millones_1_9919707.html
[2] BBVA Resultados 2022 (01/02/2023), p. 7.
[3] Santander, Presentación de Resultados 2022 (02/02/2023), p. 15.

estos beneficios extraordinarios contra el cual, lógicamente, la banca ha opuesto resistencia. Los argumentos de la servil caverna mediática y de la patronal bancaria han sido los clásicos: va a ser un impuesto ineficaz, será un impuesto que acabará repercutiéndose en la clientela, es un impuesto que crea inseguridad jurídica, va en contra del mercado y contra la normativa europea, etc. etc. etc. En fin, lo de siempre.

Esta es la situación presente, la banca ganando más que nunca mientras la sociedad se aprieta el cinturón, sin embargo, para conocer un poco más en profundidad la situación de la banca en nuestro país y hacer un análisis más exhaustivo (aunque breve) hemos de bucear en el pasado, hemos de retroceder en el tiempo y recorrer unas cuantas décadas...

El año 1978 es un año recordado por todas y todos como el año en que nuestro país entraba dentro del club de las democracias constitucionales con la aprobación de la Constitución. Era una época convulsa, llena de ilusión y de esperanza, con sus virtudes y sus defectos, pero también de movimientos en la sombra y de temores. Por otro lado, comenzaba una etapa histórica en nuestro país caracterizada por la apertura internacional con miras, principalmente, en la integración de nuestro país en Europa.

Fue en 1978, como nos cuenta Argüelles[4], cuando España abrió su mercado bancario a los bancos europeos e internacionales, no sin ciertas limitaciones, y ya en 1981 cuando se permitió a los bancos extranjeros comprar entidades financieras españolas en crisis y operar como si fueran capital patrio. Ya en el inicio de la década de los 90 se liberalizan los

---

[4] ARGÜELLES ÁLVAREZ, JULIO, "El proceso de concentración de la Banca española entre 1977 y 1966." *Revista Política y Sociedad,* 1998. pp. 133-149

movimientos de capitales internacionales y el capital fluye cada vez más rápido y con menor control, ya no solo en nuestro país, sino por el mundo. Todo ello, además, acompañado de la desregularización del sector y la liberalización de la actividad bancaria, entre lo que también es destacable la liberalización de los tipos de interés y de las comisiones. En resumen, la hegemonía neoliberal era el signo de los tiempos.

No daré muchos rodeos. A partir de entonces el sector bancario español, además de permitir la entrada de capital extranjero y de la liberalización vive una serie de cambios que tienen como objetivo el impulso para crear un ecosistema financiero nacional con entidades fuertes, solventes y sobre todo capitalizadas. Es preciso decir que las primeras décadas de la democracia española fueron años de profundas crisis bancarias, en parte por la citada apertura y la entrada de capitales extranjeros y el aumento de la competencia y por cambios tecnológicos y del mercado. Así, encontramos profundas crisis entre los años 1977 y 1985 que afectan a más de medio centenar de pequeños y medianos bancos y cajas de ahorro, y después, entre otros, los sonados casos de Rumasa y de Banesto[5].

Es por ello que la apuesta principal que se hizo para fortalecer el sector bancario fue propiciar la concentración bancaria, puesto que los bancos españoles se caracterizaban por ser bancos pequeños en comparación con los grandes bancos europeos y americanos.

Así, en 1988 se inicia este proceso en el que los grandes bancos absorben a otros más pequeños, se fusionan entre ellos y poco a poco van creciendo en tamaño y, como contrapartida, el

---

[5] ONTIVEROS BAEZA, EMILIO y VALERO LÓPEZ, F. JOSÉ. "Las crisis financieras en España, 1977-2012. Crisis financieras en la Historia", *Revista de la Historia de la Economía y de la Empresa n° 7*, 2013, pp. 278-310.

ecosistema financiero español, antes atomizado, se va estrechando cada vez más y dando lugar a un sector bancario más reducido, con más capital y con más poder.[6]

Como ejemplo de este paulatino pero constante proceso de concentración bancaria podemos ver brevemente el caso del actual BBVA (Banco Bilbao Vizcaya Argentaria).

En el año 1988 Banco de Bilbao y Banco de Vizcaya firman un acuerdo de fusión formando así el BBV, creando el mayor banco español y el banco 71 en el ranking europeo. Antes, estas dos entidades ya habían absorbido otras entidades como Banca Catalana, o el Banco de Alicante o Banco de Comercio, entre otros. En 1999, el BBV y Argentaria firman la fusión y forman por fin el actual BBVA[7]. Actualmente, el BBVA es uno de los 15 bancos más fuertes de Europa y el número 55 del mundo según el ranking de "The Banker".

El BBVA es un buen ejemplo de fusión de bancos pues vemos como poco a poco su nombre crece con cada fusión y absorción, es un ejemplo muy visual de ese proceso de concentración bancaria que se inicia en los 80 y que sigue hasta nuestros días.

Un buen ejemplo también es el del banco Santader[8], que emprende con mayor energía su crecimiento, tanto nacional como internacional, siendo ahora mismo el primer banco de nuestro país, y de los más fuertes de Europa y del mundo con un

---

[6] ARGÜELLES ÁLVAREZ, JULIO. Ved supra.

[7] Historia del BBVA: https://www.bbva.com/es/informacion-corporativa/#historia-de-bbva

[8] El Santander se forma por la fusión y/o absorción de: Banco Pastor, Banco de Andalucía, Banco de Castilla, Banco de Crédito Balear, Banco de Galicia, Banco de Vasconia, Banco Popular, Banco Popular Industrial, Banco de Vitoria, Banesto, Banco Central y Banco Hispano Americano.

gran volumen de negocio también en América. La familia Botín logra colocarse en entre los diez mayores bancos del mundo durante un tiempo, estando ahora dentro de los 25 mayores. No creo que la familia Botín, pese al retroceso en el ranking, tengo muchas razones (económicas) para preocuparse.

Otro buen ejemplo de concentración bancaria desarrollada entre los 90 y la actualidad es CaixaBank[9], como podrán observar en la cita.

Voy a dar un salto temporal y vamos a situarnos ya en la década de los 2000. El nuevo milenio nos traía un sistema financiero patrio concentrado en pocas manos en el que las entidades se habían hecho grandes y robustas. Cierto es que estas grandes entidades todavía compartían espacio con otras entidades de menor tamaño, las cajas de ahorro, que todavía gozaban de una buena reputación sobre todo entre las clases más populares. Al fin y al cabo, las cajas de ahorro habían sido siempre esas entidades cercanas, accesibles, herederas de los Montes de Piedad y de la obra social. En definitiva, un sector bancario consolidado, solvente y a la vez cercano.

La burbuja inmobiliaria todavía no había explotado y las entidades bancarias (bancos y cajas) no paraban de prestar dinero a la gente para la compra de viviendas. Con el préstamo hipotecario financiaban la compra vivienda, una reformita si era necesaria, un plus para amueblar el pisito, otro poquito más para comprar un coche nuevo y el carrito del bebé y hasta la

---

[9] CaixaBank nace de la reciente fusión de La Caixa y Bankia, que estaban formados por la fusión y/o absorción de: Caja Granada (Sigue) Caja Provincial de Granada, SA Nostra, Caja Mucia, Caixa Penadés, Caja Madrid, Caja de Canarias, Caja de Ahorros de Valencia, Caja de Ahorros de Segorbe, Caja de Ahorros de Castellón, Caja de Ávila, Caixa Laietana, Caja Segovia, Caja Rioja, Caja Jerez, Caja de Ahorros San Fernando de Sevilla, Caja de Ahorros de Sevilla, Caja de Huelva, etc.

dentadura de la abuela si le quedaban pocos dientes. Algo exagerado, quizás, pero el sentido queda claro: prestaban dinero de forma algo ligera y lo que es más preocupante, sobreendeudando a las familias.

¿Qué podía salir mal si al fin y al cabo las viviendas no paraban de subir de precio y revalorizarse? Comprar una casa para vivir era hasta una inversión porque llegado el caso, y con el mercado siempre al alza, podría venderse años después por un precio igual o superior al de la compra inicial. ¿Quién de esas altas mentes financieras que gobernaban el país detrás de los gobiernos iba a pensar que prestar varios cientos de miles de euros a personas de clase obrera y meterles mensualidades de 1.000 euros era una idea arriesgada? ¿Quiénes sino oscuros comunistas y masones diabólicos podían intuir que eso de hacer del sistema bancario un sistema hiper liberalizado era una mala idea?

Libre la codicia, y de repente... ¡Crash!

De la mal llamada crisis financiera de 2008 no es necesario decir mucho. Mucho se ha escrito, mucho se ha debatido y mucho, por desgracia, lo hemos vivido. Digo que la crisis de 2008 es una crisis llamada erróneamente financiera porque, de resultas de las malas prácticas bancarias del sector financiero mundial, de la total falta de ética y de la desmedida y voraz codicia, explotó una crisis que no sufrió el sector bancario, ni los inversores, ni los accionistas sino que fue una crisis, que, como todas las crisis capitalistas, las sufre la gente normal y corriente.

Nombraré, sin ánimo de exhaustividad, algunas de esas malas prácticas bancarias de aquella época y que o bien siguen vigentes, o bien mucha gente humilde las sigue arrastrando: hipotecas subprime, hipotecas que financiaban por encima del

100% del precio del bien, participaciones preferentes, cláusulas suelo entre las que incluiré las hipotecas con IRPH aunque sigan estando en constante idas y venidas judiciales, hipotecas referenciadas a moneda extranjera, tarjetas "revolving", créditos abusivos, y todo tipo de cláusulas abusivas... En fin...

El sector financiero, quebrado, fue rescatado por los estados asumiendo éstos la deuda privada y los pasivos tóxicos, y entre esos estados, por supuesto el nuestro. La UE, en 2009, se gastó, en palabras del misterioso M. Rajoy[10], un billón de euros, con "B", para que la banca esquivara la quiebra que según las normas del capitalismo debía haber sufrido. La banca se arriesgó, la banca perdió y todas y todos las rescatamos con dinero público que pasó a formar parte de la deuda pública. Con el argumento del "billón", M. Rajoy justificaba que era el turno de que España rescatara a su sector financiero quebrado, especialmente las cajas de ahorro en las que los enchufados de los partidos del bipartito y algún que otro sindicalista despistado habían hecho de las suyas con tarjetas black, comilonas y prostíbulos. No cabía más opción en la ortodoxia dominante en la economía neoliberal europea y norteamericana, solo cabía una opción, no se podía dejar caer a los bancos: el rescate.

Citando textualmente las palabras del ex ministro de economía del PP De Guindos, sobre el rescate, y que podrán escuchar en el enlace citado, dijo: "aquí no hay un coste a los españoles, lo que hay fundamentalmente es una disponibilidad de recursos que se pagan a un tipo de interés, que es muy superior al que paga el gobierno español por dicha financiación a un plazo similar, y que además tiene que ser reembolsable".

---

[10] En este enlace podrán escuchar las palabras de M. Rajoy: https://cadenaser.com/ser/2017/09/08/economia/1504866416_588757.html

¡Vueltas y rodeos para no dar explicaciones y parecía que al final íbamos a salir ganando y todo!

Las cajas de ahorro, principales entidades golpeadas por la crisis, gestionaban cerca del 40% de los ahorros de las y los españoles y a la vez había situado muchas de sus inversiones en el mercado inmobiliario, no solo en la concesión de hipotecas sino también en la financiación a promotoras y constructoras que, como bien sabemos todas y todos, fueron las primeras en caer tras el estallido de la burbuja. Y hemos escuchado por activa y por pasiva que nadie pudo prever el estallido de la burbuja, como afirmaba el prestigioso tertuliano y "economista" Bernardos antes del estallido la misma, pero sin embargo, nadie sospechoso de ser un bolivariano comunista, el gobernador del Banco de España de la época de Aznar, Jaime Caruana, al acabar su mandato advirtió en su discurso[11], como advierte esta gente, de los excesos de la banca y de que si se detenía o enfriaba el mercado inmobiliario, cosa que tarde o temprano pasaría, la banca tenía demasiados huevos en la cesta del mercado inmobiliario.

---

[11]Presentación del Informe Anual 2005. Fragmento del discurso de Jaime Caruana, ex Gobernador del Banco de España, p. 18: *"El incremento de la financiación concedida a las actividades relacionadas con el mercado inmobiliario no se circunscribe a la otorgada para la adquisición de vivienda por parte de los hogares, sino que también ha crecido notablemente la extendida a empresas de construcción y promoción inmobiliaria. El grado de concentración de las carteras crediticias de las entidades en las actividades de construcción y promoción inmobiliaria se ha incrementado, de nuevo, en 2005. Algo que también requiere atención de los gestores, en un contexto en el que ha aumentado la probabilidad de que el tono acomodaticio de las condiciones monetarias se vaya normalizando progresivamente y el precio de la vivienda mantenga e incluso intensifique el proceso de desaceleración que parece haberse iniciado..."*
Podrán encontrarlo en PDF este enlace,: https://www.bde.es/f/webbde/GAP/prensa/intervenpub/archivo/caruana/ficher os/es/150606.pdf

Así pues, la caída en desgracia de las cajas de ahorro vino a alimentar todavía más la concentración bancaria cuyo máximo exponente es CaixaBank, que, como anteriormente hemos podido comprobar, aglutina buena parte de las cajas quebradas en la crisis de 2008.

Pero los efectos de la crisis de 2008 no se detuvieron ahí; ni que decir tiene de los enormes efectos sociales en los que no vamos a detenernos aquí. Para proteger al sector financiero de todos los activos tóxicos, en definitiva, de las deudas y de los impagos, los bancos centrales pusieron tope a los tipos de interés, es decir, detuvieron la escalada del precio del dinero (justo al contrario que ahora). La finalidad era evitar la quiebra de estados y grandes empresas endeudadas (bancos también), permitir el endeudamiento público a bajo coste y a la vez favorecer la contención de los precios o incluso su devaluación para que la gente, machacada por una crisis, al menos mantuviera algo de poder adquisitivo. Pretendían también estimular el ahorro y el consumo.

Con los tipos de interés por los suelos y los índices de referencia desplomándose llegando a estar en cifras negativas (Euribor a -0.44, por ejemplo) la actividad bancaria vio como sus hipotecas a interés variable apenas le retornaban beneficios (o apenas le retornaban todos los beneficios que su voraz apetito deseaba). Pero estamos hablando de la banca y la banca siempre gana.

Como ganaban "poco" dinero con los préstamos y con los créditos se pusieron manos a la obra como buenos capitalistas liberales, como buenos "emprendedores" que no aceptan las reglas del juego que defienden a capa y espada y se pusieron a   "innovar" y buscar otras vías de conseguir beneficios. Con los tipos de interés bajos la banca encontró la nueva vía de exprimir a la gallina de huevos de oro mediante el cobro de nuevas comisiones por sus servicios o el aumento de las ya existentes. Antes, cuando la actividad de prestar dinero era suficientemente rentable por sí misma, los bancos competían a la baja con las comisiones, sin embargo, a partir de la crisis de 2008 las comisiones están a la orden del día y constituyen una pata fundamental de los beneficios bancarios.

Compartiré unos demoledores datos del informe de ADICAE de 2022 y cuya dinámica vienen reflejando otros estudios anteriores de la misma organización y de otras organizaciones de defensa del consumidor: uno de cada tres euros que la banca ingresa corresponde a comisiones, dato este que es una barbaridad; se calcula que ingresan la friolera de 470 euros anuales por persona en concepto de comisiones (de mantenimiento de cuenta y tarjeta, de peticiones de documentación, etc.); todas las entidades han subido entre el 5 y el 20% sus ingresos por comisiones entre 2020 y 2022 y se calcula que han ganado más de 20.000 millones en comisiones[12]... y mientras tanto esperamos la devolución del rescate bancario que no nos iba a costar un euro porque era una "disponibilidad de recursos".

Por ahora llevamos tres factores claves para entender la banca de nuestro país: la concentración bancaria en cada vez menos entidades pero mayores y con mayor poder, la liberalización y desregulación de sector y una constante política pública en favor de dicha banca cuyo máximo exponente es el rescate bancario y la nacionalización de las pérdidas de las malas praxis.

---

[12] https://intranet.adicae.net/img-news/uploader1/Comisiones_totales_2020_2021_344.pdf

Pero hay más factores que modelan la banca española de hoy. Es bien sabido, pero necesario recordar, que las relaciones entre la política y la banca en nuestro país han sido y son muy estrechas.

Políticos de distinto logo, pero de signo similar, han copado puestos directivos tras su paso por la política y en algún caso, directivos de banca luego han dado el paso a la política. Es lo que popularmente hemos denominado puertas giratorias, el plan B de los políticos de los partidos del "establisment".

Del Partido Popular, por ejemplo, podemos citar al ex ministro que pretendía españolizar catalanes, José Ignacio Wert, quien tras ser concejal y diputado pasó a dirigir las relaciones corporativas del BBVA en 2003 para después ser ministro del gabinete de M. Rajoy. Otro caso sonado de puerta giratoria de los populares es el del vicepresidente del gobierno de Aznar y héroe del "milagro" económico español, Rodrigo Rato, que tras dirigir el FMI, fue el encargado de sacar a bolsa Bankia, quien antes ya había estado ligado a CaixaBank entre otros bancos y fondos y entre los que también figura el Santander.

Del PSOE podemos citar el caso de Jordi Sevilla, quien ocupó diversos cargos gubernamentales y que también fue diputado, y que además de haber pasado por la puerta giratoria de la banca para defender los intereses de la misma en el caso de las cláusulas suelo (otra vez del BBVA) también ha pasado por la puerta de las energéticas para dirigir Red Eléctrica Española. Del PSOE, podemos citar también a Miguel Sebastián a quien también se le relaciona con el BBVA, a Pedro Solves, ex ministro socialista de agricultura y que ha trabajado para Barclays y para CaixaBank y al actual ministro de Seguridad Social, José Luís Escrivá, quien trabajó para el BBVA entre 2004 y 2012. El propio Pedro Sánchez, actual presidente del gobierno, fue consejero de

Caja Madrid en la época más oscura de la entidad que dirigía, en ese momento, el malogrado Blesa.

Es llamativa la presencia de este tipo de perfiles en un partido que se autodenomina obrero y socialista y, sobre todo, es que estas conexiones pasen del todo desapercibidas para la ciudadanía o, peor todavía, aun siendo conocidas sean toleradas. Un partido obrero y socialista repleto de "lobbystas" de la banca y del capital que se convierte así en el mejor caballo de Troya para detener cualquier política económica de carácter verdaderamente de izquierdas.

Para ser justos hay que decirlo todo. Las nóminas millonarias y los ingentes dividendos bancarios no han sido exclusivamente copados por políticos del bipartito del PP y del PSOE sino que han sido copados también por otros personajes de la política española, como por ejemplo, políticos catalanes como Miquel Roca o Josep Oliu de CIU, o personas que provienen de la monarquía, como la propia hija del rey emérito Cristina de Borbón que trabajó para CaixaBank o el ex jefe de la Casa Real Fernando de Almansa.

Las personas aquí nombradas, y que podrán encontrar en un fenomenal trabajo de Dani Domínguez y de Eduardo Robaina para La Marea en diciembre de 2008[13], nos muestran una dura radiografía de las relaciones de la política y la banca en nuestro país. Yo, he de confesarlo, esperaba encontrar menos políticos del PSOE en los diversos trabajos consultados para la documentación de esta parte y, sin embargo, para mi sorpresa, he podido comprobar no solo como hay muchos políticos del

---

[13] Puertas giratorias (Banca I) LA BANCA SIEMPRE MANDA (PRIMERA PARTE) lamarea.com diciembre 2018. Podrán acceder a este trabajo en este enlace: https://www.yoibextigo.lamarea.com/wp-content/uploads/2019/06/puertas-giratorias-banca.pdf

PSOE entre el sector bancario, sino que algunos de los ministros y de las personas más influyentes de un partido que se dice obrero provienen justamente del mundo del capital. Porque uno se espera que la derecha esté bien representada en estos ámbitos, uno se espera que copen los puestos en la banca, en las eléctricas, etc. pero sin embargo, en cuanto uno rasca un poco sobre la realidad descubre la gran farsa del bipartito en nuestro país. En fin, como dije al principio de esta parte dedicada a las puertas giratorias: distinto logo pero mismo signo, el del dinero.

Por último, voy a cerrar esta breve aproximación a la actualidad de la banca con el proceso de digitalización. La historia de la humanidad podría relatarse como la historia de la imparable mejora tecnológica, sin embargo, la mejora tecnológica no tiene, per se, una conexión con la mejora social. Para que una mejora tecnológica sea un avance social tenemos que evaluar sus efectos sobre la sociedad y, en lo tocante al sector bancario, la mejora tecnológica tiene más oscuros que claros.

Analizándolo, en todo momento, desde una perspectiva capitalista aunque no sea esta la ideología de quien escribe, la mejora tecnológica y en especial los avances informáticos y de conectividad han supuesto el impulso último y definitivo a la globalización y a la movilidad y libertad de capitales. Por contrapartida, han traído consigo los contagios masivos en los momentos de crisis.

Ahora, el último hito de los avances tecnológicos en banca son las aplicaciones bancarias. Mediante las aplicaciones bancarias, que las propias entidades diseñan y hacia las que dirigen a su clientela de forma cuasi obligatoria, es la propia clientela la que realiza la gran mayoría de operaciones que son propias de la banca. Es decir, la banca, gracias a las aplicaciones, ha conseguido algo realmente excepcional, seguir manejando el grueso de su negocio de forma automatizada y conseguir desprenderse de buena parte del personal, externalizando el trabajo y haciéndolo recaer en la clientela, que ya no solo es que tenga que realizar por sí misma las operaciones cotidianas y básicas sino que tiene que emplear tiempo y esfuerzo en conocer y formarse para manejar las aplicaciones.

Entre 2008 y 2019 la banca ha destruido más de 80.000 empleos.[14] En 2021 cerraban el año con un record de despidos, 19.000[15], de los cuales al menos 6.452 personas fueron despedidas o prejubiladas por parte de CaixaBank. Este proceso, junto a la crisis bancaria y la concentración de entidades, ha tenido como consecuencia una disminución y un empeoramiento de los servicios que la banca presta, lo que sufrimos en nuestras propias carnes en forma de menos sucursales prestando servicios y en menos personal en dichas sucursales.

Esto es significativamente más grave si estudiamos el problema desde la perspectiva territorial y generacional. Es la España rural y la llamada España Vaciada la que sufre principalmente la ausencia de sucursales bancarias por no decir el completo abandono. En muchos pueblos ya no hay una sucursal bancaria que preste los servicios más básicos como la retirada de efectivo o el cobro de recibos, obligando a las vecinas y vecinos de esta España olvidada a desplazarse a núcleos más poblados para poder acceder a los mismos.

---

[14] MARTÍNEZ M. y FERNÁNDEZ J.G.(2020) "Una década negra para el empleo en la banca", *Expansión*. ENLACE: https://lab.expansion.com/despidos-banca/
[15] LARROUY D.(9 de diciembre de 2021), "La banca cierra un año récord con 19.000 despidos y 4.800 millones de coste", *Eldiario.es*. ENLACE: https://www.eldiario.es/economia/banca-cierra-ano-. record-19-000-despidos-4-800-millones-coste_1_8562687.html

Por otro lado, la creciente tecnologización del sector bancario y la cuasi obligación de utilización de aplicaciones bancarias dejan fuera a un sector importante de la población, las personas mayores. Es la llamada exclusión financiera. No es de recibo que a las personas mayores, cuyas limitaciones en lo relativo a las nuevas tecnologías son más que conocidas, se vean obligadas a su utilización. Y es que no solo hablamos de que las personas mayores no tengan suficientes herramientas intelectuales para aprender, que es un hecho en algunos casos pero no son todos los casos, sino que también hablamos de que en muchas ocasiones las aplicaciones les plantean dificultades físicas difícilmente salvables.

Pondré algunos ejemplos que he vivido de primera mano trabajando: algunas personas mayores tienen dificultades serias de visión, lo que les dificulta realizar operaciones a través de un móvil o de un cajero; también tienen dificultades de memoria, que les impiden recordar contraseñas complejas como las que exige la seguridad asociada a las aplicaciones bancarias; algunas personas mayores incluso tenían problemas de altura física que les impedía llegar a ver la pantalla de los cajeros.

¿Y en qué se traducen estas dificultades? Pues sencillamente en una vulneración de sus derechos fundamentales. ¿Cómo? Trataré de explicarlo de forma sencilla. Si una persona mayor no es capaz de poder gestionar por sí misma sus cuentas bancarias suele buscar ayuda en sus personas de confianza más cercanas, es decir, tiene que desnudar sus cuentas ante su hijo, o su sobrina para que le puedan ayudar, o tiene que compartir sus contraseñas para que se lo gestionen. En otras palabras, pierde intimidad, independencia y libertad.

También hablamos de la vulneración de la dignidad. El caso de la señora mayor llorando delante del cajero es un buen ejemplo de ello: esa mujer se sentía impotente, sentía que el sistema le había superado, que no le importaba a nadie. Cuando hablamos de un señor mayor de un pueblo perdido en la sierra aragonesa que no puede sacar dinero hablamos de vulneración de derechos, por ejemplo, del derecho a la igualdad, pues el sistema está hecho para el joven híper conectado y discrimina a la gente mayor.

Carlos San Juan, un señor jubilado de la comunidad valenciana, impulsó el proyecto "Soy Mayor No Idiota", a través del cual denunciaba la discriminación que la banca y multitud de entes privados y públicos ejercer a través de la tecnologización contra de la gente mayor. El revuelo que montó, consiguiendo reunir más de medio millón de firmas, consiguió el compromiso de las asociaciones del sector bancario para ampliar y mejorar el protocolo de atención a las personas vulnerables, incluyendo en este colectivo a las personas mayores de 65 años.

Las asociaciones de la patronal bancaria firmaban junto a la todopoderosa vicepresidenta y ministra de Asuntos Económicos Nadia Calviño un protocolo[16] por el cual la banca se comprometía, como principal respuesta a las reivindicaciones de la gente mayor, a la ampliación del horario de atención personal, con servicio de caja o ventanilla hasta las dos de la tarde y a la apertura de un canal preferente para la gente mayor. Para llevar a cabo estas mejoras se autoimponían un plazo de seis meses. Por su parte, el Gobierno se comprometió a crear la Autoridad de Protección del Cliente Financiero, que a día de hoy sigue siendo un anteproyecto de ley[17] y que se centra

---

[16]Documento de firma de la actualización del Protocolo Estratégico para Reforzar el Compromiso Social y Sostenible de la Banca. Firmado por AEB, CECA y Unac. Disponible en el siguiente enlace: https://s2.aebanca.es/wp-content/uploads/2022/02/protocolo-estratgico-para-reforzar-el-compromiso-social-y-sostenible-de-la-banca.pdf

[17] Anteproyecto de ley de creación de la autoridad administrativa independiente de defensa del cliente financiero. Disponible en el siguiente enlace:

fundamentalmente en crear una vía extrajudicial de resolución de conflictos y no en disciplinar al sector financiero y bancario.

Al final, las buenas palabras se han convertido en papel mojado. Al menos, para Carlos San Juan, impulsor del movimiento "Soy Mayor No Idiota", esto le ha valido, además de para tener una foto con las vicepresidenta Calviño, para conseguir el galardón Ciudadano Europeo 2022 de la Eurocámara, aunque supongo que le habrá sabido a poco al ver que la banca no solo es que no ha cumplido sino que ha seguido profundizando en la exclusión financiera de la gente mayor y de las personas más vulnerables.

Para acabar les voy a contar un secreto a voces, algo que escuché, vi y sentí de primera mano. Esta exclusión financiera tiene una razón de ser, tiene un motivo y es de todo menos inocente. En los bancos no quieren a los clientes que tienen bajos ingresos, que mueven poco su dinero, que ya no piden grandes préstamos ni créditos y que además les hacen trabajar mucho de forma presencial. Los llaman los "heavy users", lo que traducido al castellano sería algo así como usuarios pesados o clientes pesados. No quieren a gente que consuma sus recursos, no quieren a la gente mayor a menos que tenga un alto nivel económico o se maneje decentemente con las aplicaciones. A los bancos les interesa quien tiene nómina, quien tarde o temprano vaya a pedir una hipoteca o un crédito personal o quien todos los meses tira de la tarjeta de crédito.

Recapitulando: tenemos un sector bancario liberalizado y desregulado, en muy pocas manos, concentrado en pocas entidades con mucho poder que hunden sus tentáculos en el

---

https://portal.mineco.gob.es/RecursosArticulo/mineco/ministerio/participacion_publica/audiencia/ficheros/ECO_Tes_20220512_AP_APL_ADCF.pdf

poder político y lo controlan, que aprovecha las crisis para beneficiarse sin pudor alguno llegando incluso a nacionalizar sus pérdidas y sus abusos, que se está aprovechando de los beneficios extraordinarios derivados de la subida de los tipos de interés por la guerra de Ucrania y que ha emprendido una digitalización que deja fuera a la España rural, a las personas vulnerables y a la gente mayor de forma planificada y premeditada.

Capítulo III. Consejos que no le darán en su sucursal

No esperen encontrar aquí unos consejos magistrales propios de un genio de la ingeniería financiera y bancaria. Nada más lejos de la realidad. Lo que van a encontrar aquí son algunos consejos muy básicos y que derivan de todos los lugares por los que me he aproximado a la banca, es decir, desde el estudio jurídico de la normativa, de casos concretos y de sentencias hasta la propia experiencia laboral.

También aplicaremos en las líneas que vienen el sentido común, un sentido que los bancos, desde luego, no tienen interés en que apliquemos. No encontrarán una guía de inversión bancaria, pues no seré yo quien haga una apología de la financiarización de la economía personal cuando para mí mismo me aplico una premisa en tanto en cuanto pueda permitírmela: lejos de los bancos, lejos de los préstamos. Así pues, y con las bases que fundamentan los consejos que se van a encontrar mínimamente expuestas, les dejo ya con los mismos.

Decida usted

Ya no existen las sucursales tradicionales, ahora las sucursales se han transformado en "stores". Nos lo dicen en inglés porque creo que se atreven a tomarnos por idiotas, pero creo que no se atreven (todavía) a hacerlo en castellano. "Store", en castellano, significa tienda. Es decir, usted ya no entra a una sucursal, ya no habla con su asesor bancario de confianza, usted está entrando a una tienda. Lo podrá ver en las paredes de la "store" del banco llenas de propaganda de productos que financian: un portátil, una alarma, un conjunto de proyector y televisión...

Entiendo que quizás piense que todo esto de la publicidad en las paredes ya estaba antes, y quizás piense en que el banco en sí mismo es una tienda de dinero y que no podemos ser inocentes, y sí, es cierto, solo que antes la publicidad de estos productos se compaginaba con una constante actividad de ventanilla y de atención personal que ahora ha desaparecido a la vez que se centraban sobre todo en la actividad principal de un banco: prestar dinero para cosas relativamente importantes.

Decida usted: he llamado así a este primer consejo porque esto es lo que las y los comerciales de la "store" van a intentar que no haga, más bien al contrario, lo que van a intentar es que usted contrate algo que seguramente no quiera ni necesite. Como toda empresa que se precie, los bancos tienen datos de sus clientes, y esos datos, como no puede ser de otra manera, los utilizan para sus fines propios. Esos datos sirven para hacer listas de personas a las que ofrecer productos o son tratados directamente por el comercial: la gente mayor con dinero recibirá la oferta del servicio de teleasistencia o de sistemas de alarma y seguridad; las personas cercanas a la jubilación oirán los cantos de sirena de los planes de pensiones privados; la gente joven, o los padres con hijos en edad de estudiar en la universidad, recibirán ofertas de portátiles a financiar en cómodas cuotas.

Decida usted. Si usted quiere una tarjeta para pagar las compras en el supermercado con el dinero de su cuenta, lo que usted quiere es una tarjeta de débito. La comercial o el comercial le dirán que esa tarjeta de débito cuesta 36 o 40 euros al año, es la comisión asociada a esa tarjeta. Le dirán que es mejor sacarse una tarjeta de crédito, que es gratis y no le cuesta nada (valga la redundancia, porque no tiene comisión y no se pagan intereses, al menos según dice el comercial).

Decida usted significa que cada vez que entre al banco tenga claro qué es lo que va a hacer y porqué. He visto casos, con personas de distintos perfiles y con distintos grados de educación, en los que vinieron a hacer una consulta y salieron con productos endiñados. El comercial hizo su trabajo, vender. Recuerdo a un marido que había comprado una televisión en una de las ofertas que sacó el banco, un plasma de casi dos mil euros y para el cual la comercial le abrió una cuenta nueva para que su mujer no se diese cuenta.

Creo que este "decida usted" debe ser el principio básico a la hora de relacionarnos con la banca actual. A este "decida usted" lo acompañaría de un "desconfíe en todo momento".

Es un principio muy básico, un sentido común. Si usted decide que quiere un producto bancario, pero que no quiere otro, usted entrará y saldrá del banco indemne (a falta de revisar la letra pequeña del contrato). Si usted quiere un préstamo personal, contrate un préstamo personal; si usted no quiere y no necesita un servicio de alarma, no contrate un servicio de alarma asociado al préstamo personal porque le digan que es más barato así el préstamo. Nadie presta más servicios por menos dinero.

Cuando vaya a por una tarjeta de débito y le digan que le conviene mejor una tarjeta de crédito porque es gratis, desconfíe, cuando le dan algo gratis, el producto es usted.

Si usted quiere invertir sus ahorrillos, ¡hágalo! Sin embargo, si usted no quiere, por mucho que el comercial le hable de las mil ventajas y de los enormes intereses que generará a su favor (mentiras normalmente), no lo haga. Cuando el producto de inversión que ha contratado se derrumbe y no valga nada, y recuerde que no lo hizo porque quiso, al comercial le dará igual, seguramente no se acuerde ni de quién es usted, seguramente ni trabaje ya en esa sucursal, y sin embargo usted se acordará de toda su familia, pasada, presente y futura.

En definitiva, "decida usted" es mantener el control de nuestra relación con el banco, ser nosotros quienes decidamos qué hacemos y qué no hacemos con nuestro dinero porque al fin y al cabo nosotras somos las personas más conscientes de los productos bancarios que conocemos y desconocemos y de lo que queremos conseguir con nuestro banco.

¿Es necesario?

Entró en la sucursal una pareja joven. Ella estaba embarazada de, como después supe, seis meses y medio, aunque en un principio no me di cuenta. El chaval me dijo que quería pedir cita previa para hablar con su gestora, yo, como siempre, le pregunté qué es lo que quería para orientarle mejor. "Quiero un préstamo para comprar un carro". Yo, inocente de mí y con cierta cercanía por la edad y porque ya me era familiar por haberle atendido alguna vez satisfactoriamente, le pregunté: "¿y qué coche te vas a comprar?" "Un coche no, un carro, de bebé" me respondió mientras señala con la mirada la barriga de la chica.

Tras el primer instante de vergüenza le pregunté cuánto querían pedir de préstamo para el carrito y me dice el chaval que quiere 1.000 euros. Yo me quedé ojiplático. Yo tenía su cuenta abierta en mi tablet y el chaval llevaba cobrando una nómina apenas unos meses, con pocos ahorros y un salario que llegaba justito a los mil euros. Me ve la cara y me dice: "¿qué pasa?" En mi cabeza solo un pensamiento: no puedo permitir que le encasqueten a este chaval un préstamo de 1.000 euros para un carrito.

Les invité a acompañarme a la puerta de la sucursal aprovechando que era un momento tranquilo y les expliqué mis pensamientos. Les conté mi opinión, aunque no fuera necesaria: un carrito de 1.000 euros es algo muy caro y que los hay mucho más asequibles para los que, con un par de meses de ahorro podrían llegar sin muchos problemas. Les conté que un préstamo de 1.000 euros significaba pagar de intereses entre en 16 y 20% fácilmente y que ello significaba regalarle al banco unos 200 euros y que, si no era absolutamente necesario, les recomendaba no pedir ese crédito.

Tal como vinieron se fueron, sin contratar ningún crédito y con la idea de comprar otro tipo de carrito. La idea es que si no es necesario, no pidan un crédito. Si con una mínima planificación económica pueden comprar aquello que les sea necesario, eviten a toda costa endeudarse y, desde luego, eviten endeudarse para cosas innecesarias como las ofertas de televisores, alarmas, teléfonos y demás objetos que ofertan los bancos.

Es más, en muchos establecimientos (como Ikea, o Carrefour, clínicas dentales, etc.) ofrecen tarjetas de crédito o líneas de crédito para financiar compras. En este caso la lógica es la misma. Si pueden planificar dichos gastos, es preferible ahorrar hasta poder hacer frente a los mismos que financiarlos mediante tarjetas por la necesidad que el mercado o el sistema nos ha impuesto de tenerlo todo de forma inmediata.

En algunos casos sí es necesario recurrir al crédito. Un buen ejemplo es un empresario, quien, ante una falta de liquidez temporal, necesita hacer frente a un pago para, por ejemplo, la reparación de algún tipo de maquinaria necesaria para la producción. En este caso, dada la necesidad, el crédito puede ser una salida razonable, pero, para los casos habituales de la vida normal de la gente, en la medida en que puedan evitar el crédito, evítenlo. Para que esto sea más sencillo y para poder evitar tener que recurrir al préstamo o a la financiación para la adquisición de, por ejemplo, un televisor, un móvil o los libros de los niños, es vital una buena planificación del ahorro. Sé que no siempre es posible, sin embargo, en la medida de lo posible, es una mejor elección planificar los gastos y tener un ahorro mínimo para imprevistos que recurrir a la financiación.

Su gestor bancario no es su asesor, es un comercial.

Esta es una idea muy sencilla que ya he deslizado antes. La figura del gestor bancario cercano, de esa persona que nos conoce personalmente, que sabe cuál es nuestro trabajo y que es de confianza, ya no existe. Quizás pudo existir en algún momento en el que no tenían la presión comercial que tienen hoy en día, pero ahora mismo, su gestor bancario no es más que un mero comercial, un simple vendedor algo peculiar.

Es un vendedor peculiar que va a estudiar lo que le puede vender, sobre todo para que usted llegue a pagarlo y no deje un impagado, pero desde luego no es un gestor que vaya a pensar en qué es lo que realmente usted necesita. Es cierto que le será de ayuda en la contratación, y es igual de cierto que en esa contratación el comercial está pensando también en la comisión que se llevará por cerrar la operación.

Trabajando en la sucursal he sido testigo de un fenómeno curioso. Por lo general las personas somos desconfiadas a hablar de la banca, sin embargo, una vez en la sucursal, en la "store", esa desconfianza dura poco. Una vez la gente se sienta delante de su gestor o gestora, esa desconfianza se desvanece. Ese gestor/comercial saca sus armas: lenguaje amable, una aparente compresión y empatía, un fingido interés por la persona que tiene delante… en ese momento ya no se es un cliente, se es una persona, o eso tratarán de hacerle sentir. Además le comentarán aspectos técnicos y profesionales que seguramente ustedes no entiendan, o no entiendan al menos tan bien como ellos, pero por un segundo creerán entenderlos. Puede que incluso acaben por sentir que su gestor, su comercial, les está tratando mejor que al resto, puede que se sientan una persona con un trato algo privilegiado. Quizás le diga algo así: "mire, como usted es cliente ya desde hace tiempo, y cumple con los requisitos, puedo rebajarle un 2% el interés si contrata el seguro médico". Y puede que usted (espero que no) pique y salga de allí con un préstamo y un seguro de salud de tres años que nunca utilizará sintiéndose un privilegiado.

En definitiva, tenga en cuenta que su gestor es un comercial que gana dinero cada vez que cierra un contrato de préstamo, que le vende una tarjeta, que le endiña un seguro de salud o le financia una televisión un diez por ciento más cara que en la tienda de referencia.

No pretendo abonar la desconfianza hacia quienes trabajan en la banca, pero sí les invito a mantener la guardia alta cuando hablen con su gestor/comercial y a no dejarse embaucar.

Si no es capaz de entenderlo, no lo contrate

Hay profesores que nos marcan, y para mí, poco aficionado al Derecho Mercantil, fue un profesor de esta asignatura quien me ayudó (seguramente sin él saberlo) a configurarme tal y como soy. Corría el año 2014 y cursaba Mercantil II. La crisis social derivada de la crisis bancaria y del estallido de la burbuja inmobiliaria era rampante y el malestar evidente. El 15M ya había puesto en cuestión las costuras del sistema español y europeo y la agitación de las conciencias de los movimientos sociales estaba haciendo que la sociedad se cuestionara multitud de aspectos. La hegemonía del pensamiento y de la política neoliberal se daba de bruces con los principales problemas de la sociedad. Los recortes, la corrupción, los desahucios, las preferentes...

El profesor al que me refiero es Antonio Sotillo Martí, quien fue diputado del PSOE en la legislatura constituyente y en las dos legislaturas posteriores. Este profesor nos puntuó leer un libro, "Hay alternativas", del economista Vicent Navarro, el cual supuso, en aquel momento, un potente estímulo para mí. Pues bien, Antonio Sotillo, Doctor en Derecho Mercantil y por tanto, experto en la materia, nos habló de un producto bancario que estaba produciendo una gran conflictividad jurídica y social y que se relacionaba directamente con las cláusulas abusivas y los abusos bancarios: las preferentes.

Confesó, sin vergüenza ninguna porque no era una vergüenza sino una crítica, que le había costado dios y ayuda comprender la complejidad del producto y la complejidad del clausulado y comentó que, si él, profesor de Derecho Mercantil, había necesitado leer, releer y estudiar los contratos para entender de forma básica el producto, quienes lo vendían

47

(comerciales) y quienes lo compraban, desde luego, no entendían nada de lo que estaban vendiendo y comprando.

He aquí el cuarto consejo, si no entiende que es aquello que está firmando, si no entiende el producto que el comercial de su banco le está intentando vender, no lo compre. Seguramente usted sepa lo que es una tarjeta de crédito, seguramente usted comprenda en que consiste un préstamo hipotecario o un plan de pensiones y usted será quien pondere si lo quiere contratar, si le es necesario, etc. etc. etc., pero si el producto es complejo, si usted no lo entiende o la explicación del comercial le parece chino mandarín, no compre ese producto bancario, no firme ese contrato.

Sé que, como decía antes de empezar estos consejos, el razonamiento es muy básico y el consejo es de sentido común, pero por desgracia la realidad es muy tozuda y es más común de lo que creemos que se contraten productos sin tener ni idea de su contenido y de los riesgos que se asumen. Actualmente estamos viviendo un "boom" de gente joven invirtiendo en productos especulativos que se mueven en mercados complejos y desregulados, las cryptomonedas. Ahora, por desgracia, vemos como cada cierto tiempo una de esas cryptomonedas, opacas y desreguladas, se desploma y se lleva los ahorros de gente (sobre todo joven) que ha metido su dinero en algo que, evidentemente, ha superado las confiadas capacidades de una generación igual que en el pasado estafas como las preferentes superaron a otra generación.

Si no entiende el producto, no lo compre, no invierta en el mismo; si quiere invertir en productos que desconoce porque usted tiene un dinero que desea invertir, busque orientación profesional y no se deje engatusar por las ofertas sino que sea usted, consciente y con plena voluntad, quien dirija su inversión. Busque orientación profesional pero no únicamente de quien pretenda vendérselo ni de quien tenga intereses. Es más, busque posturas críticas para entender mejor los riesgos.

Quiero aprovechar estas líneas finales de este punto para agradecer a este profesor de una asignatura que no me gustaba, Antonio Sotillo, que hiciera que me gustara y decirle que agradezco haberle tenido como profesor pues no solo me enseñó su asignatura sino que agitó mi mente y con esa agitación creo que contribuyó a ordenarla.

Asesoría externa profesional

Si usted va a contratar un préstamo hipotecario, haga el favor de contar con el asesoramiento de algún profesional externo a la sucursal. Tradicional y legalmente se supone que el Notario es quien debe cerciorarse de que el contrato de préstamo cumple con la legalidad y de que usted (o quien firme el préstamo) comprende lo que está firmando. Si antes poníamos en cuestión a la figura del gestor, ahora pondremos en cuestión la del Notario. Todos los contratos de préstamo hipotecario con cláusulas abusivas que hay y ha habido en nuestro país han pasado por sus manos y han sido leídos en sus notarías sin que en ningún caso (conocido al menos) ninguno de ellos se percatase de las mismas.

Para evitar males mayores, para saber que quien nos asesora mira efectivamente por nuestro interés, me parece una idea acertada el acudir a expertos externos, ajenos a la actividad bancaria pero entendidos del tema, para que nos asesoren, no solo a la hora de contratar un préstamo hipotecario sino cualquier producto bancario de envergadura. No estaría de más presentar otros contratos menores al examen de una persona experta, quien quizás pueda identificar tarjetas con cláusulas abusivas o comisiones cobradas de forma indebida.

Cuidadín con las tarjetas (de crédito)

Habrán notado ya que me he referido en numerosas ocasiones a las tarjetas, y eso es porque en este país las tarjetas son una de las principales fuentes de conflicto.

Las tarjetas son, en su concepto más básico, un simple método de pago igual que son los billetes y las monedas. ¿Cómo va a pagar usted, en efectivo o en tarjeta?, le habrán preguntado en mil ocasiones. Las tarjetas, como método de pago, tienen dos opciones clásicas: la tarjeta de débito y la de crédito. Las diferenciaré rápidamente aunque sea cosa conocida seguramente. La tarjeta de débito es un método de pago que utiliza nuestro propio dinero, el dinero disponible en nuestra cuenta corriente, para cubrir un pago, el cual se carga y detrae directamente sobre nuestra cuenta. La tarjeta de crédito, sin embargo, es un método de pago que no detrae el dinero directamente de nuestra cuenta sino que aplaza el pago que es asumido por la entidad bancaria la cual lo detrae de la cuenta corriente en un momento posterior (a los dos días, al mes siguiente, etc.).

Hay países, como Chile, en los que se dice que hay más tarjetas de crédito en circulación que habitantes. Aquí, en nuestro país, según las propias estadísticas del Banco de España[18], no nos quedamos cortos: en 2017 nuestro país alcanzaba la cifra más altas de tarjetas de crédito en circulación, llegando a los 52 millones de las mismas frente a 26 millones de tarjetas de débito, es decir, las tarjetas de crédito multiplicaban

---

[18] Estadísticas de tarjetas, Banco de España, puede consultarlo en el siguiente enlace: https://www.bde.es/f/webbde/SPA/sispago/ficheros/es/estadisticas.pdf p. 4

por dos a las tarjetas de débito. En el segundo trimestre de 2022, las tarjetas de crédito han bajado hasta los 40 millones (en buena medida por un cambio en la forma de contabilizarlas) y las de débito han ascendido hasta los 47 millones, haciendo un total de 87 millones de tarjetas en circulación. Una cifras, cuanto menos, llamativas.

¿Por qué digo cuidadín con las tarjetas de crédito? El crédito tiene un sentido, y es aportarnos liquidez cuando no la tenemos, y por tanto, si tenemos habitualmente liquidez en nuestra cuenta corriente carece de sentido recurrir a las tarjetas de crédito en la vida cotidiana. Es más, teniendo liquidez habitual, por el cobro de la nómina o por el cobro de una pensión, etc., no tiene sentido económico tener tarjeta de crédito. ¿Para qué pagar a crédito teniendo saldo con el que pagar? ¿Para qué pedirle al banco que adelante dinero en nuestro nombre para que luego nos lo cobre a mes vencido si tenemos suficiente liquidez? Pues digo cuidadín por dos aspectos fundamentales: el descontrol del gasto y los intereses.

Está más que demostrado que las tarjetas estimulan el gasto. Todas y todos tenemos esa intuición acertada de que no nos duele pagar cuando lo hacemos con la tarjeta, aunque sea con la tarjeta de débito. No notamos el dinero abandonar nuestra cartera.

Con la tarjeta de débito el límite de gasto está claro, es nuestro saldo; una vez se nos acabe el saldo se nos acabó el gasto, lo cual, en cierta medida, nos invita a controlar el gasto especialmente si no tenemos una economía desahogada. Además, al pagar con la tarjeta de débito, el cargo en nuestra cuenta corriente es automático y si lo deseamos podemos conocer el estado de nuestras cuentas tras dicho pago, con lo que podemos planificar y controlar mejor el gasto (y el ahorro).

Sin embargo, la tarjeta de crédito nos invita a gastar el dinero que no tenemos, nos amplía de forma ficticia nuestro dinero disponible y por tanto nos arrastra a un nivel de vida, un nivel de consumo y un nivel de gasto que nos supera. Además, al cargar los gastos en un momento posterior provoca que el consumo se dispare y se descontrole con el consecuente susto al mes siguiente cuando llega el recibo de la tarjeta de crédito.

Esto lo saben las entidades bancarias mejor que nadie y, como no puede ser de otra manera en la lógica capitalista, intentan aprovechar las ocasiones que les brinda la realidad social y económica para ampliar su negocio. La pandemia trajo consigo el confinamiento, el confinamiento trajo consigo la caída generalizada del consumo y, como contrapartida (y gracias al esfuerzo gubernamental nacionalizando buena parte de los salarios de las y los trabajadores) el ahorro de los hogares españoles aumentó de forma extraordinaria[19]. Los bancos vieron esta enorme bolsa de ahorro acumulado y lanzaron una estrategia de estímulo del consumo a través del lanzamiento de tarjetas de crédito lo cual se puede comprobar en las estadísticas del Banco de España respecto de las tarjetas antes citada. Tras el desplome de las tarjetas de crédito de 2017 (por la forma de contabilizarlas), podemos observar cómo año tras año las tarjetas de crédito siguen aumentando y como de 2020 a 2022 las tarjetas de crédito en circulación aumentan de 37 millones a 40,46 millones. Son llamativos los dos primeros trimestres de 2022, en los que la cifra de tarjetas aumentan en algo más de un millón al trimestre, desde los 38.55 millones a finales de 2021 para llegar a los 40,46 del segundo trimestre de 2022.

---

[19]DEL RIO, A y CUENCA J.A. "La renta y el ahorro de los hogares en la zona del euro durante la primera ola de la pandemia", *Artículos analíticos, Boletín Económico del Banco de España*, 2020, p. 6.

Esta estrategia ha consistido, fundamentalmente, en la gratuidad de las tarjetas de crédito frente a las de débito, las cuales que han pasado a tener una comisión. Así, con la excusa de la comisión, los comerciales han colado a millones de clientas y clientes tarjetas de crédito que de otro modo quizás no hubieran aceptado ni solicitado. De esta manera, clientela, consumidores que no se hubieran planteado tener tarjeta de crédito ahora la tienen para evitar una comisión y entran en la rueda del pago aplazado, el crédito innecesario, del consumo y del descontrol del gasto.

Por otro lado, como comentaba, están los intereses de las tarjetas de crédito, que, como deben saber, son altos. Los tipos de interés medios de las tarjetas de crédito se sitúan en torno al 18% y en algunos casos han llegado hasta el 32%. El Tribunal Supremo ha declarado recientemente que una tarjeta era usurera, una de las llamadas tarjetas "revolving", con el tipo de interés al 16%[20].

Podrán decir, sobre todo quienes hayan adquirido una tarjeta de crédito recientemente, que les ha salido gratis, que no pagan comisiones. Le invito a que lean la letra pequeña porque quizás encuentren sorpresas. Quizás encuentre que para mantener la tarjeta de forma gratuita (sin comisiones) debe realizar una compra financiada de cierta cantidad en determinado momento, y, consecuentemente, pagar un interés elevadísimo. Le dirán que no se preocupe, que financie una reparación del coche, o un portátil para el nene, o un caprichito y que con eso ya cumple los requisitos para la tarjeta de crédito gratis... Nada es gratis, lo pagará usted en intereses, y cuanto más alta sea la cantidad financiada y más largo el plazo de

---

[20] Sentencia del Tribunal Supremo de 17 de octubre de 2022.

devolución más intereses pagará. Con la tarjeta de débito solo hubiera pagado los 20, 36 o 40 euros de la comisión...

En definitiva, que si puede evitar las tarjetas de crédito, evítelas. Si tiene suficiente saldo disponible en su cuenta corriente para los gastos normales de la vida y, sobre todo, si tiene una cierta planificación económica y un cierto colchón que le permita asumir imprevistos razonables, evite las tarjetas de crédito.

Tarjetas de crédito de establecimientos, comercios y financieras

En ocasiones podemos encontrar tarjetas de crédito que no son contratadas en entidades bancarias. Hablamos de tarjetas como la tarjeta Carrefour Pass, la tarjeta de Ikea, la tarjeta Iberia, la tarjeta Cepsa, la tarjeta Inditex Affinity etc. Son tarjetas asociadas a algunas empresas o comercios que son utilizadas por los mismos como estrategia de fidelización de la clientela.

Estas tarjetas tienen la misma esencia que la tarjeta de crédito de los bancos y para colocárnoslas siguen las mismas estrategias. Normalmente el argumento más usado para que piquemos en ellas es decirnos que utilizarlas dentro de sus establecimientos es gratis y que nos ofrecen descuentos y otras ventajas. Funcionan igual que cualquier tarjeta de crédito, es decir, aplazan el pago que se nos carga en un momento posterior y nos los fraccionan en cómodas cuotas.

El problema suele venir cuando, a falta de liquidez o de otro medio de pago, el portador de dicha tarjeta paga con ella fuera del comercio con el que la contrató. Por ejemplo, si pagamos la silla de ruedas de la abuela con la tarjeta Carrefour Pass, la tarjeta que hasta entonces era gratis y sin intereses se convierte en una tarjeta "revolving", es decir, en una tarjeta con unos intereses elevadísimos y unas cuotas muy bajas que hacen que la deuda se convierta en una deuda prácticamente perpetua que encadena al cliente quien, solo con el paso del tiempo, se da cuenta de que sigue pagando una deuda que debía haber finalizado ya según sus cálculos iniciales y que para su sorpresa sigue viva y por pagar.

¿Para quién tiene sentido una tarjeta de crédito de estas empresas o comercios? Fundamentalmente para profesionales y otras empresas que habitualmente compran en los establecimientos o comercios que ponen en circulación este tipo de tarjetas y para quienes disponer de crédito tiene una lógica empresarial y para quienes acceder a ventajas, puntos y descuentos es relativamente sencillo y rentable. Imaginen a un camionero que tiene la tarjeta Repsol Visa que utiliza exclusivamente para pagar en las gasolineras de esta petrolera y que, razonablemente, recibe descuentos por su fidelidad. Imaginemos a una empresa de construcción o de decoración que habitualmente compra en Ikea material para sus proyectos y que mediante la tarjeta Ikea consigue financiación sin intereses para la compra de sus productos y que a la vez consigue ventajas para las próximas compras.

Sin embargo, para el común de los mortales, para la gente normal y corriente, hemos de aplicar la misma lógica que para las tarjetas de crédito normales. Si tenemos suficiente liquidez habitual, si podemos prever las compras y pagar con nuestros ahorros, evitemos tarjetas de crédito con establecimientos cuya actividad principal no es el crédito pues son muy peligrosas.

Tarjetas "revolving"

No hace falta que insista en mi preocupación con las tarjetas de crédito, creo que queda clara... Para finalizar con las tarjetas quiero explicarle brevemente y de forma clara en que consiste una tarjeta "revolving" para que usted la pueda identificar si la tiene delante o si la está sufriendo (cosa que es posible pues se calcula que puede haber 20 millones de las mismas en circulación). Otro objetivo es que si por desgracia tiene una de estas, sepa también que puede reclamarla y cómo.

Para explicar su funcionamiento me serviré de un ejemplo:

Usted realiza una compra de diversos muebles para renovar el mobiliario del comedor que en total cuestan 2.000 euros y decide pagar con la tarjeta de crédito "revolving" de su entidad de confianza. Es decir, paga con 2.000 euros que no son suyos, que los debe.

Esta tarjeta de crédito en vez de pasarle el cobro total al mes siguiente lo que hace es fraccionárselo en "cómodas" cuotas que a primera vista parece algo atractivo para evitar el gasto de 2.000 euros de golpe. Pongamos que las cuotas son de 100 euros mensuales y que, como sucede con esta clase de tarjetas, el tipo de interés (anual) real es del 24%.[21] Sin embargo, según sus cálculos, al 2% por ciento de interés (mensual), que es lo que le ha dicho el comercial de su banco, en un año y diez meses lo ha pagado todo y a un interés más que razonable, aparentemente ventajoso. Lo que no le ha dicho su comercial es

---

[21] Los tribunales han llegado a conocer casos de tipos de interés de hasta el 32%.

que el interés mensual del 2% se transforma en el 24% de interés anual que es la cifra real sobre la que se calculan sus intereses.

Tras dos años pagando y revisar la fecha de la compra porque anda algo mosqueado va al banco a pedir información. Una vez allí las explicaciones del comercial le huelen algo raro y le lleva el contrato a su abogada que le cuenta que todavía le quedan tres o cuatro meses más por pagar y que de los 2.000 que pidió ha acabado pagando unos 580 euros de intereses, es decir, más de una cuarta parte de lo financiado.

Intereses altos, cuotas bajas y una deuda dilatada en el tiempo.

El asunto se complica todavía más con estas tarjetas si su uso es habitual. Imaginemos que, tras haber amueblado el comedor, al mes siguiente pagamos en una compra en el supermercado de 175 euros. Nuestra deuda, lejos de bajar por pagar nuestra cuota mensual, aumentaría:

2.000€ - 100€ de cuota + 175€ del súper = 2.075€

2.075€ sobre los que se aplicaría el interés de 24%.

Pero el caso puede ser todavía peor si nos ponemos una cuota más "cómoda". Pongamos que la deuda asciende a 2.500 euros, cuota mensual 40 euros.

2.500€ - 40€ de cuota= 2.460€.

2.460€ + 24% interés anual (49,2€) = 2.509,20€

Es decir, pese a pagar el crédito, la cuota baja y el interés alto provocan que la deuda aumente en vez de disminuir. Este es el tipo de casos más sangrantes pues se convierte en una deuda infinita, lo que es, desde luego, un flagrante abuso de la banca.

El segundo pago de la cuota sería así:

2.509,20€ - 40€ de cuota mensual = 2.469,20€

2.469,20€ + 24% interés anual (49,38€) = 2.518,38€.

Se podrá imaginar que, llegado el momento de repasar las cuentas y comprobar cuanto queda para finalizar el pago, tras meses y meses pagando de forma religiosa, el cliente quedará totalmente boquiabierto al ver que no solo no debe menos que al principio sino que verá como su deuda ha aumentado exponencialmente.

Si usted tiene una deuda de una tarjeta de crédito que intuye que ya debería haber terminado de pagar, sospeche y consulte si está ante un caso de tarjeta "revolving". Si al consultar detecta un interés mensual del 1,3% en adelante (TIN[22]) o 1,5 (TAE[23]), o un interés anual del 16% TIN o 18% TAE en adelante es muy posible que se encuentre ante una tarjeta "revolving".

A este tipo de tarjetas se les puede atacar desde dos flancos: uno es el interés, un interés usurero, es decir, un interés inexplicablemente alto como los ejemplos que antes expusimos, o, por otro lado, atacarlas por contener cláusulas abusivas, algo

---

[22] TIN: Tipo de interés nominal, es decir, solo se refiere al tipo de interés.

[23] TAE: Tasa Anual Equivalente, que, además de incluir el TIN, incluye también otros costes, como comisiones y gastos. Las entidades suelen jugar con estos dos conceptos, mostrando el TIN en letras más grandes al ser más barato y ocultando la TAE, que es el precio final y real, y, que al incluir más conceptos, es más elevado.

que es del todo habitual en las tarjetas de crédito y en especial en las "revolving".

Por supuesto, estas tarjetas son reclamables pero antes de reclamarlas ha de saber un par de cosas. Si sospecha que está sufriendo una de estas tarjetas es imprescindible que mantenga la calma: en primer lugar, no se deje llevar por la rabia, no deje de pagar, siga pagando la deuda, eso indica que usted tiene buena fe y es positivo si llegara un proceso judicial. En segundo lugar, es importantísimo detener el aumento de la deuda, deje de utilizar dicha tarjeta y cualquier tarjeta de la que sospeche. Es más que probable que recupere todo el dinero, más tarde o más temprano, pero es importante no seguir haciendo la montaña más grande. En tercer lugar, hágase con toda la documentación que le sea posible; en muchas ocasiones estas tarjetas no tienen documentación por haber sido contratadas en establecimientos no bancarios (Carrefour Pass, Wizink, etc.) o porque ni siquiera se la han ofrecido en el banco y está digitalizada, pero, independientemente de que hayan sido o no contratadas en establecimientos bancarios, usted tiene derecho a que le den toda la documentación. Importante: contrato y recibos.

Si lo que pretende reclamar es una tarjeta "revolving" de un familiar fallecido, le adelanto que se puede. Simplemente debe seguir los pasos que la persona profesional de la abogacía le señale según se encuentre en un momento u otro el proceso de sucesión hereditaria y quienes estén legitimados.

Es aconsejable (sino imprescindible) buscar asesoría jurídica experta y especializada, la hay y muy buena, y en muchas ocasiones llevan este tipo de casos de forma gratuita (a éxito) pues los juzgados suelen imponer las costas a las entidades bancarias. Para que los juzgados impongan las costas a las entidades bancarias es importante (que no imprescindible) haber pagado religiosamente, de ahí la importancia de seguir pagando pese a saber que sea una tarjeta "revolving". Las y los profesionales le guiarán por el camino legal.

Actualmente hay que realizar una reclamación previa y amistosa a los servicios propios de la entidad antes de poder ir a juicio. Quizás cambie esta forma de reclamar y el anteproyecto de ley de la Autoridad de Protección del Cliente Financiero establezca otros métodos pactistas y extrajudiciales, en todo caso, el camino actualmente es el nombrado. Es importante que en este camino contra los poderosos bancos y financieras sean acompañados y guiados por personas profesionales del Derecho expertos en la materia.

Algunas de las tarjetas "revolving" más comunes son: Carrefour Pass, tarjetas de Wizink, tarjeta Cepsa, tarjeta Repsol, tarjeta Ikea, pero también hay tarjetas de este tipo que se camuflan como tarjetas con fines solidarios, como la tarjeta Visa Manos Unidas, Visa Cruz Roja o Visa Acnur... Si nunca acaba de pagar la deuda de su tarjeta, o si tiene una deuda de su tarjeta a pagar a plazos, consulte a personas expertas en la materia.

Mini-créditos

Las dificultades económicas que ha atravesado nuestra sociedad fruto de un sistema radicalmente injusto ha propiciado la pandemia del sobreendeudamiento privado. En línea con la proliferación de las tarjetas de crédito, los fondos de inversión y las entidades financieras han encontrado otro espacio para seguir exprimiendo a la gallina de los huevos de oro que somos usted y yo y todas y cada una de las personas de este país y, en especial, las personas más vulnerables.

Seguro que habrá visto en televisión anuncios de mini-créditos:

"Llega el momento en el que necesitas un coche más grande, y lo que antes era para dos ahora es para tres. Porque la vida es imparable, en Cetelem tenemos un préstamo de hasta 50.000 euros desde un 5,95 TIN, diseñado para ti de forma responsable y transparente..." No nombran la TAE (el coste real) que es ligeramente superior (6,12%) y utilizan palabras como responsable y transparente, cuando con unos pocos clics en internet y sin apenas información, evaluación y control podemos contratar este préstamo.

"Cuando en lugar de ir a la peluquería de siempre, vas a una de esas que dan masajito... ¡Ay! ¡Ahí sí que te sientes Vivus! Elige cantidad y plazo y te lo transferimos en 15 minutos, el primero hasta 300 euros sin intereses ni comisiones... y siéntete Vivus"

No pretendo hacer aquí publicidad, sino poner de relieve sus estrategias: siéntase mejor, dese un caprichito, primer crédito gratis o le ayudamos con ese hijo que viene de camino y sus gastos...

Estos créditos, que pueden ser de escasa cuantía, suelen estar dirigidos a personas con una necesidad económica severa y apremiante que recurren al crédito desde una posición de vulnerabilidad: quien pide 300 euros a crédito es porque ni siquiera los tiene ahorrados o porque suponen un gasto demasiado alto para afrontarlo de un golpe. Los controles que se superan para acceder a estos préstamos son mínimos cuando no inexistentes y eso solo tiene una razón: las personas a las que se dirigen son potenciales impagos. Estos préstamos hacen zambullirse a la gente en una rueda de crédito de la que es muy difícil salir, acostumbrando (o forzando) a la gente que peor lo pasa a vivir del crédito Pero su mayor riesgo es otro, es, como señalé, el impago.

Al estar dirigidos a las personas con mayor necesidad económica y, por tanto, a las personas con mayor riesgo de impago, estos créditos llevan aparejados un interés muy alto y un interés de demora altísimo cuando no exorbitante. Si de repente no se puede pagar el crédito y la demora comienza a correr, se disparan los intereses y la deuda. Tengamos en cuenta que para las tarjetas "revolving" se ha considerado usureras habitualmente con TAEs del 20% y en muchos casos, los mini-créditos tienen TAEs que pueden ir desde el 50%, pasando por 200 o 300% y llegando a casos documentados de TAEs de hasta el 3.500%.

Así las cosas, ante un primer impago, el impulso más común es recurrir de nuevo a otro mini-crédito con el que pagar el anterior y cubrir las nuevas necesidades (pagar hipoteca, letra del coche, la luz, la comida). Un respiro con la esperanza de sacar la cabeza que al siguiente mes se convierte en una deuda todavía mayor. La deuda, de nuevo, se convierte en una cadena que ata y asfixia. La deuda sigue exprimiendo a la gallina de los huevos de oro aunque esté sin plumas y con una pata rota.

Esto que sigue es un fragmento de un reportaje de El País[24]: *"Cuando necesitaba buscar dinero porque estaba enganchado al juego rellenaba una solicitud de crédito rápido por Internet y me lo daban al momento, solo con mi nómina. He pedido unos 15 créditos. En unos casos he podido devolverlos y en otros ha ido creciendo la deuda", explica Antonio (nombre ficticio). "Mi sensación es que en esas empresas no hay ningún control. Me preguntaban para qué quería el dinero y yo decía que para pagar facturas y no preguntaban más. Ahora debo 40.000 euros porque pagué mi adicción al juego con estos créditos rápidos", añade este malagueño de 36 años.* Vemos como los mini-créditos hacen mella en las personas más vulnerables, en este caso, en adictos al juego.

Todos los consejos que he plasmado en los puntos anteriores le invitan a alejarse de la banca en todo aquello que pueda evitar, a desconfiar, a buscar asesoría externa, pero no cierran la puerta de una forma definitiva a que, llegado el momento, pueda consciente y voluntariamente contratar el producto que considere adecuado o necesario. En este caso, para el caso de los mini-créditos, solo cabe un consejo: nunca pidan uno, bajo ninguna circunstancia y todavía menos por internet.

---

[24] MEDINA M.A. (17 febrero 2020), "Debo 40.000 euros porque pagué mi adicción al juego con créditos rápidos", *El País*. ENLACE: https://elpais.com/sociedad/2020/02/17/actualidad/1581925622_210438.html

La hipoteca

La compra de una vivienda es una de las decisiones más importantes en términos personales pero también en términos económicos para la mayoría de las personas. Normalmente el recurso más utilizado para realizar esta compra es el préstamo hipotecario a través del cual el banco nos presta una cantidad de dinero (fija) a devolver en un determinado y concreto plazo de tiempo (20, 25, 30 años). Los bancos, que aunque quieran que nosotros nos fiemos de ellos no se fían de nosotros, nos piden una garantía: la propia vivienda.

Si por alguna de aquellas usted o yo tenemos problemas económicos y no pagamos las cuotas mensuales, los bancos entonces pueden comenzar el proceso de ejecución hipotecaria para hacer efectiva la garantía, es decir, nos tiran de nuestra casa y la sacan a subasta para cobrarse la deuda pendiente. En caso de que no consigan venderla en la subasta, o en caso de que el precio no complete la deuda viva, el prestatario (comprador) se queda sin la casa y con la deuda. Den las gracias al Código Civil español, concretamente a su artículo 1.911, el cual dice así: "Del cumplimiento de las obligaciones responde el deudor con todos sus bienes, presentes y futuros", es decir, pagas con lo que tengas hoy y pagarás con lo que tengas mañana, de pagar no te escaparás. No importa la situación social y económica, no importan las tasaciones infladas en un contexto de burbuja inmobiliaria, no importa que ya se queden nuestras casas... ¡A pagar!

A colación del artículo 1.911, contaré brevemente una anécdota universitaria con la profesora más nefasta que me he encontrado en mi vida como alumno. Carolina Castillo, magistrada y profesora de Derecho Civil, me dio Derecho Civil

III justo el año después de haber tenido al magnífico profesor que nombré anteriormente. Pues bien, estudiando la hipoteca y que el artículo 1.911 era básico para asegurar el pago de la deuda, yo, mosca cojonera, puse en cuestión la justicia del sistema español, sobre todo teniendo en cuenta que hay otros métodos que castigan menos al deudor como la dación en pago: entregas la casa como garantía y se da por saldada la deuda. La contestación de esta profesora, que era una brillante profesora y muy buena oradora, fue algo así: estamos aquí para aprender la ley, no para cuestionarla.

Tras varios debates jurídicos enfrentados durante el curso llegó el día del examen oral, en su despacho, con la foto del rey presidiéndolo, varias cruces repartidas por el mismo y con una bandera de España. Suspendí porque me exigió que le cantase tres artículos de memoria y literalmente que obviamente no me sabía, suspendí pese a que creo que hice uno de los mejores exámenes orales de mi vida como estudiante pues lo que me sabía perfectamente era el contenido y las referencias. Revisando esto he querido revisar su Twitter, por si eso de pensar que esta profesora era muy de derechas (y me había tomado manía) era algo que en su día construí en mi cabeza. De sus pocos mensajes uno: "Así procedían los romanos con el pueblo, Pedro (Sánchez). ¡Aquí, pronto, ni pan! Sólo circo, y no del mejor precisamente."

El préstamo hipotecario, como decía, es una de las decisiones más importantes de la vida económica de las personas normales, y esto es, sencillamente, por tres razones: 1) con el préstamo hipotecario adquirimos una deuda de una cantidad normalmente elevada, 2) adquirimos una deuda que nos va a condicionar económicamente buena parte de nuestra vida, y 3) nos va en ello nuestra casa, nuestro hogar. Por tanto, por su importancia, es vital que nos tomemos muy en serio el proceso que nos lleva a formalizar ese contrato de préstamo hipotecario.

¿Qué quiero decir con tomárnoslo muy en serio? Pues básicamente me referiré a dos aspectos: el primero es que debe ser una decisión meditada, muy meditada, sacada con la calculadora en la mano y con nuestra clase social y sueldo en la otra mano. Es común escuchar que no se nos puede ir más de un tercio del salario en pagar la casa. Yo digo más, hay que tener mucho cuidado con este porcentaje, pues hay que relativizar el salario a la hora de zambullirnos en una hipoteca. Para calcular ese tercio, esa proporción ideal, para calcular lo que vamos a poder pagar sin ahogarnos debemos tomar algunas precauciones.

Hay momentos, como la burbuja del ladrillo, en el que había trabajos poco cualificados muy bien pagados. Sé que es difícil de prever que una crisis venga a dejarnos sin trabajo o a devaluar nuestros salarios, pero desde luego, si nuestro trabajo no requiere formación o para nuestra formación está realmente bien pagado en ese momentos, deberíamos contener la euforia y explorar los sueldos de otras profesiones distintas a las que podríamos acceder en caso de despido, pues, en el tiempo que dura una hipoteca, probablemente cambiemos de trabajo. Por otro lado, hemos de pensar también en qué ocurre si nos quedamos en paro durante un largo periodo de tiempo, es decir, tenemos que poder pagar la cuota del préstamo y mantener nuestra vida con menos dinero. En definitiva, vale la pena ser conservador, sencillo o austero a la hora de solicitar un préstamo hipotecario y no dejarnos llevar por la euforia de un momento de salario alto.

Por supuesto, es importante que para esos cálculos no tengamos en cuenta horas extraordinarias ni momentos de pluriempleo pues es muy difícil mantener un alto ritmo de trabajo durante 20 o 30 años. Resumiendo, tengamos en cuenta solo el sueldo básico a jornada máxima, que es lo normal, y un solo empleo.

El segundo aspecto a tener en cuenta es uno de los consejos que antes señalé: asesoramiento externo. El gestor bancario es un comercial que quiere venderle un contrato de préstamo y el Notario es un burócrata adinerado que no cumple con su función así que no queda otra, si quiere comprender el contrato que le ponen delante, que buscar un asesor externo. ¿Cuántas cláusulas techo, IRPH o préstamos referenciados a moneda extranjera nos hubiéramos evitado con la intervención de un asesor externo? ¿Cuántos disgustos, desahucios y suicidios nos hubiéramos evitado?

Puede pensar, y con razón, que si la banca hiciera bien las cosas no necesitaríamos asesoramiento externo, y puede pensar con razón que si la banca lo hubiera hecho bien nos hubiéramos ahorrado disgustos, desahucios y suicidios. Sí, así es. Pero la realidad es la que es y es tozuda, la banca no rema a favor de su clientela sino de sus accionistas y no acaban de entender que tienen una responsabilidad social cuando comercializan productos. Como todo esto no les importa no nos podemos fiar, ergo, si no nos podemos fiar, asesoramiento externo.

Se lo plantearé desde otro punto de vista: va a contratar un préstamo que va a desembolsar poco a poco durante 20 o 30 años hasta pagar, por ejemplo, 200.000 euros. ¡Cúbrase las espaldas y asesórese! ¡Invierta 500 euros en evitar que le timen 20.000! ¡Invierta 500 euros en una persona profesional que quizás le ahorre miles de euros en abogados o evite que le tiren de su casa y encima tenga que seguir pagando la deuda!

Comisiones bancarias

Las comisiones son la retribución que los bancos cobran a la clientela por determinados servicios. Esta retribución que nos exige el banco es libre, es decir, no está regulada ni cuantificada de forma legal sino que cada entidad es libre para cobrar las comisiones que en atención a su propio beneficio le dé la gana y en concepto aquello que le dé la gana, excepto algunas concretas que sí están reguladas. Así lo reconoce el Banco de España en su Portal del Cliente Bancario[25].

¿Cuándo podemos pensar que una comisión no nos la deberían haber cobrado? En primer lugar, si el banco no nos ha prestado ningún servicio (ojo, prestar un servicio es algo muy amplio y que engloba casi todas las operaciones y solicitudes que le hacemos a un banco, la cobren o no); en segundo lugar, una comisión no nos la deben cobrar si el servicio por el que nos la cobran no lo hemos solicitado, por ejemplo, no nos puede cobrar una comisión por un extracto de cuenta que no hemos solicitado pero que han impreso por error; y en tercer lugar, no nos deberían cobrar una comisión de la que previamente no nos han informado o han cambiado su precio sin informarnos.

Por supuesto, tampoco pueden cobrarnos una comisión que se derive de una cláusula abusiva, aunque, a diferencia de las anteriores, para la declaración de abusividad hemos de dirigirnos a los tribunales.

Para las anteriores comisiones cobradas de forma, digamos, irregular, es recomendable reclamarla personalmente

---

[25] https://clientebancario.bde.es/pcb/es/menu-horizontal/productosservici/relacionados/comisiones/

a la gestora o al gestor pues puede que la condonen o la hagan desaparecer misteriosamente por "lo buen cliente que es usted" o porque "le están haciendo un favor". Si esta primera opción no funciona hemos de dirigir nuestra reclamación al servicio de atención de la propia entidad y, tras su contestación o tras su silencio, podremos reclamar la comisión ante el Banco de España. Para ello no es necesaria la intervención de abogada o abogado, sin embargo, si el monto en comisiones es alto, especialmente por comisiones "por descubierto" o por comisiones "por posiciones deudoras", mi recomendación es acudir a una personal profesional de la abogacía.

En caso de que no le dieran la razón, solo quedarían los tribunales. En este punto retomamos una idea anterior respecto de las costas judiciales, la buena fe y la actitud del cliente reclamando, en otras palabras, si usted reclama por los cauces establecidos y no consigue ningún resultado favorable los tribunales suelen cargar las costas del proceso judicial sobre la banca por su nula voluntad de pacto y de resolución extrajudicial de conflictos. En todo caso hay que tomar estas líneas precedentes con cautela y siempre seguir el consejo profesional dependiendo del caso.

Capítulo IV. Debates y propuestas

En este último capítulo expondré algunos debates que creo que debemos tener como sociedad y algunas propuestas para hacer de la relación entre la banca y las personas algo más humano, más digno y más justo.

Insisto brevemente en una idea ya mencionada, no encontrarán aquí ideas geniales de un experto en banca que vengan a ordenar el sistema bancario en su conjunto o que vengan a solucionar un modelo altamente injusto y financiarizado. Más bien encontrarán un puñado de ideas, reflexiones y propuestas que lanzo al debate público como ciudadano preocupado con el único fin de aportar un granito de arena.

Como expresé en la introducción, creo que es una tarea fundamental de todas aquellas personas que nos interesamos sobre la política y sobre alguno de sus aspectos concretos, es decir, pasar de la mera crítica a la propuesta, pues la crítica, pese a ser muy necesaria acaba por no ser fecunda si no va acompañada de propuestas. La rabia y el descontento no sirven de nada si no se toma la palabra, si no se pasa a la acción y si no se plantean alternativas y propuestas. Pues bien, en esto me centro en las líneas que siguen.

Lo primero las personas

Que muchos sectores han culminado procesos de digitalización que han dejado fuera a muchas personas a rebufo de la pandemia es una evidencia. La banca es uno de esos sectores que, aunque ya había comenzado antes, se ha servido de la pandemia y del necesario distanciamiento social y físico para dirigir mucho más rápidamente a la clientela hacia las herramientas digitales. La gente mayor, las personas extranjeras, las gentes del mundo rural y quienes tengan disminuida alguna de sus capacidades, es decir, las personas más vulnerables de nuestra sociedad, han sido las víctimas de esta digitalización forzada e impuesta.

A su vez, la reducción de sucursales y de puntos de atención física, tanto en las ciudades como en los pueblos, ha deteriorado y recortado la accesibilidad a los servicios bancarios y en algunos casos la han suprimido por completo. A ello, como hemos visto anteriormente, hay que sumarle el proceso de "ajuste de personal" del sector bancario, eufemismo que siempre se traduce en recortes y despidos. Así pues, el panorama para la clientela y en definitiva para todas las personas que nos vemos obligadas de una manera u otra a tener una mínima relación con los bancos es desolador.

En concreto, respecto de las personas mayores, como señalé, esta exclusión financiera responde además a intereses abyectos de la banca: no quieren tener como clientes a personas que apenas consumen productos bancarios, con bajos ingresos y con un mayor grado de necesidad de atención personal especialmente en ventanilla o caja: para la banca son los "heavy users", los clientes pesados.

Dada esta situación, que conculca derechos fundamentales tales como la dignidad, la igualdad o la privacidad, creo que es mi obligación y que debe guiar y presidir el debate y la propuesta que lo primero, antes que nada, son las personas.

La Constitución en esto está de nuestra parte. Permítanme un breve inciso en este punto. Nuestra Constitución, sacra norma de la "modélica" transición tutelada y dirigida por la corona, las élites franquistas y los militares de nuestro país, ordena su articulado de forma tal que algunos derechos, los llamados derechos fundamentales, se convierten en unos derechos con una fuerte protección constitucional y posteriormente legal. Por otro lado, otros derechos son relegados a un simple reconocimiento, los llamados "derechos y deberes de los ciudadanos", entre los cuales se encuentra el derecho a la propiedad privada en su artículo 33. Este artículo 33 es el fundamento de la actividad de las empresas y es la piedra angular del sistema capitalista en el que vivimos. Pese no ser reconocido como derecho fundamental, la realidad nos dice que le derecho a la propiedad privada es algo más que un derecho fundamental, es algo intocable e inamovible. La propiedad privada y que el ámbito privado y las empresas puedan hacer lo que les viene en gana es, por desgracia, algo no negociable en una democracia capitalista, o más bien, una democracia oligárquica.

El mismo artículo 33, a renglón seguido, dice algo muy sencillo: "La función social de estos derechos (propiedad privada y herencia) delimitará su contenido, de acuerdo con las leyes." ¿Qué quiere decir esto? Que la propiedad privada no es un derecho que todo lo pueda y que deba prevalecer sin límite alguno sino que, en atención al interés común y a los intereses sociales (función social), podemos ponerle límites. Por ello decía que la Constitución está de nuestra parte aunque sea con su parte más débil. Tan derecho constitucionalmente reconocido es el derecho de propiedad como el derecho a ponerle límites la propiedad. Para ello, para aplicar esta segunda parte del artículo 33, es necesario hacer algo que Julio Anguita reclamaba en sus discursos y que es el uso alternativo del derecho, es decir, utilizar una misma norma ya existente, en este caso la Constitución, para hacer una política radicalmente diferente.

Por ello, sabiendo que es posible hacer otra política bancaria distinta dentro de nuestro marco constitucional y legal, es necesario apuntar los valores y principios que deben presidir dicha política alternativa. En la relación de las personas particulares con la banca, el principio que debe presidir cualquier política, es el de "primero las personas".

Legislador, legisle

Como ya hemos podido leer en este libro, o como seguro habrá escuchado en la televisión o leído en la prensa, es algo habitual escuchar que el Gobierno ha llegado a un pacto "equis" con la patronal bancaria y que ante un determinado conflicto se pondrá en marcha un código ético, o un protocolo de buenas prácticas o alguna fórmula similar. El último, recientemente firmado, el pacto para hacer frente a la subida de las hipotecas por la subida de los tipos de interés, que establece tibias medidas (por no decir estériles) para que los clientes con dificultades se acojan a unas cuantas medidas que más adelante trataremos. Cuando oigo o leo noticias como a las que me he referido no puedo evitar pensar en esa canción de Serrat, "Algo personal", y en su parte final, donde parodia el lenguaje político vacío. Estos protocolos, códigos de conducta, etc. son ese lenguaje vacío de contenido que llena titulares y que sirve para contener de alguna manera el malestar social que tarde o temprano regresa como un reflujo pues el problema no ha tenido una solución real y de fondo.

Recuerdo que tras los abusos de la banca en la crisis de 2008 se introdujeron en el debate público los códigos de conducta de los bancos y protocolos de actuación para proteger a la ciudadanía. El ex presidente Zapatero, en 2009, frente a la tragedia de los desahucios pedía a la banca que ayudase a las familias; pídale al lobo que cuide el rebaño... Poco después, el gobierno de M. Rajoy sacó pecho de haber logrado pactos con la patronal bancaria para proteger a los deudores hipotecarios y detener la sangría de desahucios que atravesaba el país; a finales de 2012 el propio M. Rajoy reconocía que estos pactos no habían "funcionado como debería" y que era "necesaria una nueva vuelta de tuerca. Si los bancos no lo ponen en práctica, hay que tomar otro tipo de medidas que pasen por la obligatoriedad" dijo, aunque nunca haría nada de verdadero calado. Más recientemente encontramos el ejemplo del movimiento "Soy mayor, no idiota", el cual se saldó con otro papel mojado entre el gobierno y la banca. Ahora, ante la subida de los tipos de interés y los problemas que esto está generando en las cuentas familiares, la vicepresidenta socialista Calviño apuesta de nuevo por la fórmula del acuerdo con los bancos.

Esto de buscar un acuerdo con la banca parece ser un error evidente y reiterado por los actores políticos del bipartito crisis tras crisis. No parecen caer en la cuenta de que estos acuerdos, a los que las entidades bancarias se adhieren de forma voluntaria, están exentos de toda obligatoriedad y de toda responsabilidad por su incumplimiento. Evidentemente no podemos creer en la ingenuidad de PP y PSOE al negociar con la banca sino que hemos de evidenciar sus nexos y, de ahí, sus limitaciones a la hora de poner en su sitio a la banca y defender los intereses de la ciudadanía. ¿Cómo van a imponer medidas duras si muchos políticos del bipartito pasan por los consejos de administración de los bancos? ¿Cómo lo van a hacer si muchos de ellos son accionistas de dichas entidades o si los propios partidos son deudores de dichas entidades?

Toda negociación tiene algo de cesión, es decir, quienes se sientan a negociar desde posiciones distintas ceden en algún punto. ¿A santo de qué el gobierno se tiene que sentar a negociar con la banca y ceder en alguna posición si tiene la legitimidad democrática de las urnas y el poder del Boletín Oficial del Estado? Pues bien, pese a ello, el gobierno se ha sentado con la banca para negociar un acuerdo por la subida de los tipos de interés de las hipotecas.

El resultado del actual pacto es que apenas va a llegar a una minoría de deudores en situación de extrema gravedad y solo en caso de que cumplan una serie de exigentes requisitos. Es decir, no va a aliviar a la ciudadanía en general sino que solo va a servir de paraguas a un pequeño porcentaje de esa minoría que llegue a verse en severísimas dificultades y recurra dicho acuerdo. El resto de las personas que tengan dificultades pero puedan hacer frente ajustándose los cinturones al cuello, seguirán pagando y llenando las cuentas de resultados de los bancos.

Por otro lado, hay que señalar que el acuerdo se basa en alargar los plazos de devolución del préstamo lo que, en muchos de los casos, no solo no abaratará el préstamo hipotecario sino que lo acabará encareciendo a medio o largo plazo. En otras palabras, el acuerdo entre el gobierno y la banca no solo no detienen la subida de los tipos de interés forma general sino que solamente supone el "alivio" de algunas situaciones particulares sin que la banca realice ningún esfuerzo real y que, además, acaba saldándose con un perjuicio para el deudor hipotecario. El acuerdo en el que se le pide a la banca que arrime el hombro acaba siendo un acuerdo con el que la banca vuelve a ganar. ¡Todo un triunfo vicepresidenta Calviño!

En definitiva, la democracia y la voluntad popular deben llegar a la regulación del sector bancario y las demandas y necesidades ciudadanas deben hacerse norma, aun cuando esa norma naciera incluso de la negociación con la banca. La regulación de situaciones excepcionales en periodos de crisis no debe traducirse en un simple acuerdo o en un código voluntarista y sin fuerza legal sino que debe cristalizar en una norma. Si ahora la situación económica nos invita a topar los intereses bancarios de forma siquiera sea temporal, negóciese con la banca si se quiere un consenso aunque no me guste, pero luego hágase ley.

El Estado, el Gobierno y el Parlamento no pueden hacer dejación de funciones y tiene que emplear sus energías en establecer normas vinculantes que protejan a los ciudadanos y no confiar ciegamente en la buena voluntad de la banca que, como sobradamente nos ha demostrado la realidad, no existe. Para eso quizás debemos volver a descorrer algunos velos y recordar que el PP y el PSOE son dos partidos vinculados de forma intensa con las puertas giratorias, endeudados con la banca, que además forman parte del accionariado de esas entidades y que ello, sin lugar a dudas, condiciona sus decisiones respecto del sector bancario lo que se acaba traduciendo, desgraciadamente para todas y para todos, en políticas altamente nocivas para la sociedad. Mientras algunos se forran y les tiemblan las piernas a la hora de negociar y de usar el Boletín Oficial del Estado, el resto sufrimos las consecuencias.

En definitiva, hemos de exigirles a nuestros legisladores que legislen, que hagan ley y que equilibren la balanza de forma real en favor de quienes sufren dificultades.

Sancionar la litigiosidad

Para decir que los tribunales españoles están colapsados y que el funcionamiento de nuestra justicia es lento no hace falta ser un lince. En los últimos años se han realizado esfuerzos en pro de agilizar la justicia[26] y todavía se siguen haciendo aunque quizás no en el camino adecuado. Una de las principales apuestas para agilizar la justicia es la mediación[27], para lo que se ha aprobado normativa europea, española e incluso autonómica, sin embargo, hemos de señalar que la mediación, pese a las bondades que puede ofrecer a una sociedad democrática, no ha resuelto los profundos problemas de nuestra justicia que se fundamentan principalmente en la falta de recursos humanos, económicos y técnicos, en una desfasada organización y una legislación procesal farragosa y burocrátizante.

Uno de los requisitos para acceder al proceso judicial en una disputa frente a la banca es haber pasado por un mínimo procedimiento pactista previo, es decir, haber intentado un pacto. Esto se plasma en dos realidades: la primera es la propuesta de un pacto por parte de la abogada o del abogado del cliente bancario denunciante en el que ofrece como pacto a la entidad bancaria la restitución del conflicto a posiciones de

---

[26] Ejemplo de ello son las leyes autonómicas de mediación de la Comunidad Valenciana, Murcia y otras tantas CCAA, la Directiva 2008/52/CE sobre ciertos aspectos de la mediación en asuntos civiles y mercantiles del Parlamento Europeo y el Consejo, o la Ley 5/2012 sobre mediación en asuntos civiles y mercantiles o el proyecto de ley de medidas de eficiencia procesal.

[27] La mediación es una forma de resolución de conflictos extrajudicial en la que son las propias partes quienes llegan voluntariamente a un acuerdo con la ayuda de un tercero, la persona mediadora. Si bien esta herramienta tiene seductoras ventajas de cara a pacificar la vida de una sociedad democrática y para reducir la litigiosidad, los legisladores no pueden confiar toda su acción en pro de agilizar la justicia a una única herramienta por muchas ventajas que pueda ofrecer pues, como toda herramienta, también tiene sus limitaciones.

justicia y la reparación total, lo que, ya les adelanto, suele rechazar la banca. Con un ejemplo práctico esto se concretaría en que para un caso de cláusula suelo, se propondría al banco la supresión de dicha cláusula del contrato y la devolución de los intereses cobrados injustamente, más intereses en favor del denunciante y podría proponerse hasta la compensación de daños y perjuicios si hubiera. Así pues, esta primera realidad se traduce en que ese ofrecimiento de pacto es un mero trámite más antes de ir a juicio, retrasando unos meses más el funcionamiento de la justicia.

La segunda de las realidades es que los servicios jurídicos de las entidades ofrezcan el pacto al cliente directamente y en ocasiones incluso antes de que exista el conflicto a sabiendas de que ofrecer un pacto suele estar bien visto por los clientes incautos. Esto, cuando ocurre, es por una razón y tiene una consecuencia: la razón es que, cuando su banco le ofrece un pacto es porque seguramente hayan detectado que usted sufre un perjuicio y con ese ofrecimiento parecen corregirlo. Suelen decirle que había un error con el tipo de interés, o que hay que hacer correcciones por la causa que les dé la gana y que usted saldrá beneficiado con dicho pacto. La consecuencia es que, de nuevo, nos encontramos ante pactos que en ningún caso son reparadores y en ocasiones llegan a ser también abusivos. Si su banco le ofrece un pacto, sospeche, no acepte y recurra a servicios jurídicos. Añadiré una cosa más sobre los servicios jurídicos; suelen proponerle estos pactos directamente a los clientes porque saben quiénes son más fácilmente manipulables con la verborrea bancaria y con las ofertas irrechazables. Insisto, si su banco le propone un paco, busque abogado o abogada especialista.

Como hemos podido comprobar, la voluntad de la banca de resolver los conflictos sin acudir a los tribunales suele ser nula y cuando existe probablemente sea una trampa.

El sector bancario es un sector que provoca una alta conflictividad jurídica y social que acaba en los tribunales contribuyendo así a su colapso. Otros sectores que eran muy conflictivos han sido redirigidos hacia fórmulas extrajudiciales, como los tribunales arbitrales de consumo o de telecomunicaciones y parece que la intención de nuestros legisladores es llevar las reclamaciones bancarias hacia una fórmula similar a través de la creación de la Autoridad de Defensa del Cliente Bancario.

Si finalmente no llegara a aprobarse la ley para crear la citada autoridad, y dependiendo su final configuración y efectividad real, sería muy conveniente establecer una sanción para aquellas entidades que provoquen multitud de litigios por causas idénticas o muy parecidas. Para ello me sirvo de dos razones, en primer lugar, por la nula voluntad de acuerdo extrajudicial y por obligar a poner en marcha el costoso funcionamiento de la justicia y, en segundo lugar, por la mala praxis que haya generado esa multitud de litigios. Es decir, si como consecuencia de una cláusula abusiva insertada en cientos o miles de contratos, el banco no corrige la situación ni compensa al cliente y provoca miles de juicios, debería ser condenado no solo a las costas en favor del cliente demandante sino también a compensar a la administración de justicia por provocar su funcionamiento y por no haber hecho lo suficiente por evitar el proceso judicial.

De esta manera, además de que el Estado vería compensados sus esfuerzos, el sector bancario (y los demás sectores que provoquen litigios en masa) se verían obligados a pensarse dos veces si les compensa ir a juicio o corregir la situación de injusticia a la que han sometido a sus clientes.

El castigo penal

¿En qué cabeza cabe que no tenga consecuencias penales que una empresa estafe el dinero de miles clientes, esquilmando cientos e incluso miles de millones de euros, de forma organizada y planificada? Pongamos como ejemplo las preferentes, caso en el que es conocido que existía una práctica habitual reprochable que consistía en engañar sobre la naturaleza del producto a las personas que lo contrataban aprovechándose en muchas ocasiones de personas vulnerables y que suponía poner en riesgo importantes sumas de dinero. En este caso concreto sí que se han pronunciado los tribunales dictando algunas sentencias condenatorias[28] pero fundamentalmente estos casos se han resuelto por la vía civil, es decir, no ha existido un reproche penal a unas conductas descaradamente ilícitas, organizadas y cuyas consecuencias sociales han sido muy graves.

¿Cómo puede ser que no hayamos visto desfilar por el banquillo de los tribunales a cientos de comerciales, directores y directoras de sucursal y sobre todo a ejecutivos de las entidades que comercializaban estos productos? Resulta que nadie ha tenido responsabilidad en estos conflictos, parece que la mano invisible de Adam Smith igual "te regula un mercado" que te genera miles de problemas, nadie tiene culpa, "es el mercado, amigos" que dijo Rodrigo Rato; lo que es real es que el sector

---

[28] (17/02/2012) "La condena por "engañar" con las preferentes supone delito de estafa", *Público*. Enlace: https://www.publico.es/espana/condena-enganar-preferentes-supone-delito.html

bancario se ha movido como pez en el agua al margen de la ley con total impunidad.

A mí se me hace difícil entender como no hay investigadas múltiples entidades como, por ejemplo, por las tarjetas "revolving", las cuales tienen empantanado mucho dinero de clientes vulnerables, sobre todo teniendo en cuenta que las propias entidades son conscientes de la naturaleza de esas tarjetas, las siguen comercializando con alegría y siguen consiguiendo un lucro inmenso a costa del sufrimiento y el endeudamiento de la gente humilde.

¿De qué manera podemos garantizar que la banca se comporte de forma responsable con sus clientes, respete la ley y no organice y ejecute estafas de tan tremendas magnitudes? A parte de un mayor control por parte de los organismos correspondientes, como más adelante veremos, es fundamental aumentar la responsabilidad penal sobre todas aquellas personas que intervienen en la formación de contratos ilícitos, es decir, que participan de estafas (por supuesto cada cual con su grado de responsabilidad).

No quiero meter a miles de directoras y directores de sucursal a prisión, (quizás no tengamos tantas plazas), sino poner de manifiesto que el sector bancario no puede gozar de impunidad y que, desde luego, debe ser alcanzado no solo por la responsabilidad en el ámbito civil (que es muy legítimo pelear por los contratos y tener diferencias en su interpretación) sino que debe ser alcanzado por la responsabilidad penal con mayor determinación.

Hay que plantear este debate, aunque no sea agradable pensar en asuntos penales, en atención a los importantes derechos e intereses en juego y dejar atrás los espacios de impunidad.

Control de productos bancarios

¿Cómo llegaron a comercializarse en nuestro país productos bancarios tan peligrosos como las preferentes a personas de edad avanzada, sin estudios y en ocasiones, incluso a personas ciegas o con las capacidades mermadas? ¿Cómo en la sucursal en la que estuve trabajando llegaron a encasquetarle un seguro de hogar a una persona con evidentes signos de no tener suficiente capacidad para contratar? ¿Qué control tienen las autoridades y tenemos la ciudadanía sobre los productos bancarios?

Sabemos de que manera vendían las preferentes: engañando a la gente. Les presentaban test previamente sombreados en las casillas adecuadas y les decían, "usted ponga la equis en la casilla sombreada". Así esquivaban el "férreo" control que estos test imponían a las entidades financieras. De esta manera, los test, diseñados para evaluar la aptitud financiera y la compresión del riesgo del producto, se convertían de nuevo en papel mojado. El jubilado que metía los ahorros de toda su vida en preferentes pensaba que eso era algo seguro; el comercial cumplía los objetivos; y nadie en los puestos de mando con un mínimo de decencia. Esto debe quedar claro, aunque saltarse todos los controles era la norma, abusar de la gente era entonces tan ilegal como ahora y esas campañas estaban teledirigidas por las cúpulas de las entidades; es imposible pensar que pudieran dirigir la venta preferentes a un tipo específico de personas sin que supieran lo que ocurría.

Como dije antes, no me quiero imaginar quien ni como le vendió un seguro de hogar a la mujer discapacitada intelectualmente en la sucursal en la que trabajaba. Seguramente fue sencillo aunque caro personalmente el día en que esa persona, en que ese o esa comercial, haga examen de conciencia. Diré, para (cierto) descargo de mis compañeras y compañeros, subdirector y directora, que en cuanto puse esta situación en su conocimiento se canceló el seguro y se le devolvieron algunas de las cuotas (al menos llevaba pagando un año) aunque seguro estoy que no la totalidad de lo pagado.

Vamos a ir por partes. Vamos a detenernos en la creación de los contratos, en el cómo se hacen y luego veremos cómo se controla la venta de los productos bancarios.

Desde hace ya unas cuantas décadas, prácticamente un siglo, surgió una nueva forma de contratar, la contratación en serie. La idea principal es la siguiente: una empresa, en este caso un banco, ofrece un producto al público en general y es el propio banco el que pone sobre la mesa un contrato de idéntico contenido para todas aquellas personas que lo quieran contratar pero en el cual éstas no tienen ningún poder negociador. Recordarán seguramente que ustedes no han podido negociar ni una sola de las cláusulas de sus hipotecas, ni de sus contratos de préstamo, sino que se limitan a decir sí o no, y como mucho, a negociar el tipo de interés.

Esta técnica de contratación es actualmente utilizada por la banca, las aseguradoras, la telefonía móvil, las aerolíneas, las empresas energéticas, las plataformas de contenido audiovisual, empresas de paquetería, etc. La utilizan, fundamentalmente, por su sencillez y su rapidez en un mundo que exige que todo se contrate de forma sencilla y rápida. Nos ponen en nuestras narices los contratos que las empresas han elaborado y nosotros, inocentes y confiados, firmamos. Nadie lee ni una cláusula y nadie las negocia.

Como nadie lee ni una de las cláusulas contractuales ni tiene capacidad para negociarlas, quienes redactaban esos contratos se dieron cuenta de que ellos eran la parte fuerte de la relación contractual y entonces comenzaron los abusos. Jugaban con otra gran baza, si el volumen de contratos es alto y nadie los lee, las reclamaciones iban a ser siempre un número bajo y asumible. Además, cuando una persona llegaba a reclamar la empresa ponía sobre la mesa una realidad innegable: la firma del contrato, es decir, habían llegado a un acuerdo firmado y por tanto, aunque fuera abusivo, se tenía que cumplir.

Esta dinámica abusiva se rompe en nuestro país en con la aplicación de la legislación de protección del consumidor. Fue el magistrado del Tribunal Supremo Francisco Javier Orduña quien puso coto a esta injusticia. Al calor de la mal llamada crisis financiera de 2008 la conflictividad en el ámbito del sector bancario se disparó: impagos de hipotecas, desahucios, demandas, cláusulas suelo, preferentes... Los tiempos judiciales son los que son, son lentos, y aún más todavía cuando las y los particulares nos enfrentamos desde nuestra insignificante pequeñez indignada frente a grandes corporaciones financieras con inmensos gabinetes de abogados (a los que social y profesionalmente otorgamos más talento del que realmente tienen).

Los pleitos derivados de los problemas con la banca fueron llegando a los tribunales y poco a poco fueron recurridos hasta que un caso de cláusula suelo llegó al Tribunal Supremo y recaló en las mano del magistrado Orduña.

Fue entonces cuando se desmontó la farsa de la contratación seriada camuflada como contratación negociada por las partes y cuando este magistrado identificó con claridad como la cláusula suelo era una cláusula no negociada y dispuesta únicamente por la parte vendedora, Bankia en este caso, y que entonces debía aplicarse la normativa de protección del consumidor frente a las cláusulas abusivas.

Pero que no nos lleve a engaño, el hecho de que las compañías y en especial las entidades bancarias sepan que tienen unas obligaciones respecto de los contratos seriados y que se aplica la normativa de protección del consumidor no les ha hecho cambiar demasiado, más bien al contrario, lo que ha provocado en todo caso es una mayor sofisticación de las cláusulas de los contratos.

Vayamos ahora a la venta de dichos productos financieros. Para la comercialización de productos financieros las entidades tienen que respetar varias normas, en primer lugar, la Directiva europea sobre los Mercados de Instrumentos Financieros (conocida por sus siglas en inglés como MiFID, Markets in Financial Instruments Directive) y que fue incluida en la Ley de Mercado de Valores en 2007.

Las obligaciones que derivan de esta norma se concretan, resumidamente, en la obligación de realizar varios test para determinar si el producto ofertado, complejo o no complejo, encaja con el cliente dispuesto a contratar, diferenciando entre particulares (minoristas) y profesionales de las inversiones. Me refiero a los test de conveniencia e idoneidad. Estos son los test que venían previamente sombreados en las preferentes y con los que engañaron a miles de personas por lo que podemos concluir que la simple existencia de estos test no garantiza que el producto ofertado encaje con el cliente dispuesto a contratarlo, en otras palabras, son un control del todo insuficiente.

Otro de los controles que se realiza sobre la comercialización de productos bancarios tiene que ver con el ámbito publicitario. Para ello el Ministerio de Economía publicó una Orden[29] y el Banco de España una Circular[30] tratando de regular la publicidad y estableciendo algunos principios básicos, como que la publicidad debe ser "clara, suficiente, objetiva y no engañosa" independientemente del canal que el banco utilice, es decir, también cuando el canal que nos transmite la publicidad es el propio comercial. Ni que decir tiene que los abusos de la banca continúan y que estos controles no son suficientes.

Así pues, hemos visto como la contratación en serie sigue siendo un espacio de abuso y como los controles de conveniencia e idoneidad y los controles publicitarios no son suficientes.

La propuesta que sigue es sencilla. Todo contrato ofertado por la banca debería superar un control del Banco de España, el cual, además, tendría que determinar de forma clara, visible y en lugar preeminente del contrato el tipo de cliente que puede contratar y un breve resumen de los principales riesgos del producto.

Dicho control del Banco de España debería estudiar el clausulado del contrato y dar su aprobación de forma previa a la comercialización, evitando así situaciones como las que actualmente se están viviendo con las tarjetas "revolving" las cuales se siguen comercializando pese a sus intereses usureros, o la situación de los mini-créditos con numerosas cláusulas abusivas y, a su vez, dicho control podría haber evitado

---

[29] La Orden EHA/1718/2010 de 11 de junio, de regulación y control de la publicidad de los servicios y productos bancarios.
[30] Circular del Banco de España 6/2010, de 28 de septiembre, a entidades de crédito y entidades de pago, sobre publicidad de los servicios y productos bancarios

numerosos casos de cláusulas techo, IRPH o de comercialización de preferentes.

Esta propuesta además de proteger a la clientela redundaría en beneficio del sector bancario, especialmente al reducir la conflictividad, evitando también los riesgos para sus propias cuentas asociados los riesgos tomados por su clientela y, sobre todo, supondría una mejora en términos reputacionales de todo el sector.

En cuanto a los controles, para que tuvieran un mayor grado de efectividad y protegieran efectivamente a las personas consumidoras, deberían realizarse de forma externa e independiente de las propias entidades bancarias al menos en relación con productos bancarios complejos.

Por último, en lo referente a la publicidad, seguimos viendo como las entidades bancarias, las financieras, las aseguradoras y los fondos nos bombardean con publicidad engañosa. A menudo muestran de forma más visibles el Tipo de Interés Nominal (TIN), sustancialmente más bajo, y dejan escondida la Tasa Anual Equivalente (TAE) en la letra pequeña. A ello hemos de añadirle las agresivas estrategias comerciales que emplean las y los comerciales en las sucursales y que únicamente podrían ser penalizadas mediante un sistema de inspección público y sin previo aviso.

La Cuenta Básica Universal

Existe una cuenta, la Cuenta Social Básica, regulada en nuestra legislación[31] y de la cual quizás haya oído hablar aunque mucho me temo que no sea así pues es un tema al que la banca no da una especial publicidad y por desgracia tampoco es publicitado especialmente desde las administraciones públicas.

Esta Cuenta Social Básica está dirigida a personas con especial vulnerabilidad o en riesgo de exclusión financiera y entre sus principales características encontramos la gratuidad de la apertura, la utilización y el cierre de la cuenta, del depósito y de la retirada de dinero en oficina y cajeros, las transferencias, domiciliaciones y las operaciones de pago con tarjeta. Como no puede ser de otra manera, el camino para conseguir esta Cuenta Social Básica es un camino oscuro, tortuoso y burocrático al que las entidades ponen trabas de lo más variopintas y el cual obviaremos por la necesaria brevedad. Si usted, o alguien que usted conozca, se encuentra en una situación económica o social difícil, háblele de esta cuenta y que la exija en su entidad bancaria pues todas, sin excepción, están obligadas a ofrecerla.

Bajo la premisa de que hoy en día prácticamente todas las personas nos vemos en la necesidad o en la obligación de tener una cuenta bancaria, es preciso abordar la existencia de esta necesidad con una perspectiva social e inclusiva. Tener una cuenta bancaria se conecta con el cobro del salario, de las pensiones o de becas y también con el pago de impuestos, tasas

---

[31] Real Decreto 164/2019, de 22 de marzo, por el que se establece un régimen gratuito de cuentas de pago básicas en beneficio de personas en situación de vulnerabilidad o con riesgo de exclusión financiera.

y múltiples servicios básicos como la luz, el agua o la telefonía. Es cierto que existen otros métodos para realizar estas operaciones: el salario se puede cobrar en efectivo; es posible pagar algunas facturas acudiendo a las oficinas a pagar, pero es igual de cierto que la realidad nos empuja en la dirección opuesta, es decir, los avances tecnológicos y la comodidad nos empuja cada vez más a pagar por internet, a domiciliar recibos y a domiciliar nóminas.

Quien diga, en un argumento capcioso, que nadie nos obliga a tener una cuenta bancaria y que si queremos podemos optar por esas otras opciones más gravosas más propias de Pedro Picapiedra, decidle que el avance tecnológico y en comodidades que nos permiten vivir mejor deben ser accesibles para todas y para todos y no solo para quien pueda pagar; decidle que nadie debe verse obligado a tener que realizar esfuerzos extra como dedicar su tiempo a ir oficina por oficina para pagar recibos, y que en ningún caso el acceso a una cuenta bancaria para acceder a esos avances y comodidades puede suponer una merma en nuestros derechos. Por otro lado es preciso señalar que la normativa antifraude limita cada vez más las cantidades que se pueden intercambiar en efectivo (1.000 euros) en las que intervenga al menos una parte como profesional o empresa. En definitiva, que eso de guardar el dinero debajo del colchón ya no es una opción viable.

Tener una cuenta bancaria se conecta, ineludiblemente, con la satisfacción de los derechos más básicos del ser humano, como la dignidad, la igualdad o la libertad y por tanto, en esa línea debemos plantear el debate. En otras palabras, primero las personas.

Así pues, creo que es momento de que comencemos a hablar de una nueva concepción de las cuentas bancarias. Puesto que todos debemos tener al menos una cuenta para ver satisfechos de una forma razonable nuestros derechos, es necesario que la cuenta bancaria se convierta, en sí misma, en un derecho. Todavía más, los derechos básicos bancarios y los derechos de inclusión financiera deberían formar parte de los derechos constitucionalmente reconocidos entre los derechos fundamentales.

Sé que exponer esta idea es, ahora mismo, lanzar al debate público una quimera, sin embargo, una vez en el debate público, las ideas que parecen irrealizables poco a poco van cogiendo forma y acaban por convertirse en realidades.

Así pues, sería conveniente comenzar a hablar de la Cuenta Básica Universal, una cuenta gratuita para todas y cada una de las personas, independientemente de su renta o riqueza, y que garantice que nadie es excluido financieramente y que para no ser excluidas las personas no debamos realizar esfuerzos económicos injustos (que llenan los bolsillos de los accionistas). Las cuentas bancarias actualmente ya son gratuitas en muchas ocasiones que se relacionan especialmente con la domiciliación de nómina o pensión, con la edad, como las cuentas jóvenes, o con la exclusión financiera como antes vimos con la Cuenta Social Básica. Quien no tiene nómina y a la vez no se puede encuadrar en una persona en situación de exclusión, se ve obligado a pagar por una cuenta una comisión de entre 40 y 60 euros trimestralmente.

¿Por qué si la banca se puede permitir que buena parte de sus cuentas sean gratuitas debemos permitir que personas en dificultades pero que todavía no están en exclusión tengan que pagar esas cantidades? ¿Acaso no penaliza a quienes están en dificultades cuando deberíamos prestarles herramientas para superarlas? ¿No conculca el derecho a la igualdad que unas personas, con una posición económica estable (que no boyante) sí tengan acceso a una cuenta bancaria y a una tarjeta como método de pago de forma gratuita mientras otras personas no?

Esta Cuenta Básica Universal, además de ser gratuita para todas las personas en su apertura, en su mantenimiento y en su cierre, debería estar exenta de comisiones para las operaciones básicas y cotidianas, como la retirada o el ingreso de efectivo, las transferencias nacionales y dentro de la UE, la domiciliación de nóminas o recibos y para la atención personal. Por último, esta cuenta debería tener asociada una tarjeta de débito gratuita como método de pago más extendido a parte del dinero efectivo. En otras palabras, se configuraría como un monedero, una cuenta en la que tener nuestro dinero y con la que poder realizar las funciones básicas gratuitas.

Seguramente esta medida encontrará resistencias en la banca, sin embargo es necesario recordarle que el cobro de comisiones no responde al núcleo fundamental de su actividad y que el negocio de la banca reside en el préstamo de dinero y en el cobro de intereses, es decir, es momento de invitarles a que acepten las reglas de su propio mercado y que no jueguen a esquilmar los bolsillos de la gente.

Mirándolo desde otra perspectiva, y sobre todo desde la perspectiva de convertir la cuenta bancaria en un derecho básico, sería conveniente que dicha Cuenta Bancaria Universal fuera gestionada desde lo público (por aquello de equilibrar poderes y evitar chantajes bancarios). Un sistema público que necesariamente exigiría de una banca pública y que empoderara en derechos económicos a la ciudadanía y que privara del enorme poder de coacción antidemocrático que ahora mismo ostenta la banca. Al fin y al cabo, la banca privada tiene ahora mismo en su haber todos los ahorros privados, de personas, familias y empresas, y de buena parte del sector público, con el consiguiente poder que eso conlleva.

En resumen, la cuenta bancaria, como realidad cada vez más imprescindible, debe comenzar a verse como un derecho de las personas pues está conectado con la satisfacción de los derechos más básicos, y, como consecuencia, hay que explorar vías como la Cuenta Bancaria Universal, gratuita y si puede ser operada desde un sistema bancario público.

Regulación de las comisiones

El propio Banco de España reconoce que las comisiones son libres, es decir, que cada entidad financiera o bancaria puede establecer las comisiones que le vengan en gana, por el concepto que quieran y con la cuantía que consideren.

Como ya vimos anteriormente, las comisiones son la contraprestación que el banco nos exige por alguno de sus servicios. Recordamos, como hicimos páginas atrás, que las comisiones representan ahora mismo una pata importante de los ingresos de los bancos y sin embargo no forman parte de su negocio fundamental que es el préstamo de dinero para que las personas podamos acceder a bienes o servicios que de otra manera no podríamos conseguir. Por tanto, el exceso de cobro de comisiones provoca una constricción de la función social de la actividad de préstamo y sigue llenando los bolsillos de los accionistas.

Es necesario, por ser también un espacio de alta conflictividad y de abuso, regular de forma clara las comisiones. Debemos poner blanco sobre negro en una norma en concepto de que servicios las entidades bancarias pueden cobrar comisiones y la forma de determinar la cuantía de las mismas (que en ningún caso debería superar el coste del servicio). Esta propuesta, pese a que no reviste de gran complejidad, ni necesita de una gran justificación, es seguro que sería ampliamente combatida por la patronal bancaria. No vinimos a contentar accionistas...

Desconcentración bancaria

Los liberales y capitalistas se llenan la boca con la libertad de mercado y con la libre competencia, sin embargo, como vimos en el análisis del sector bancario español, es un sector caracterizado por ser un oligopolio dominado por muy pocos actores y que además tiene intensas relaciones con la política a través de las puertas giratorias.

En referencia a las puertas giratorias habrán notado que no hay propuesta pues ya hay mucho dicho y es un debate ya introducido en la sociedad pese a que no haya tenido toda la trascendencia que debiera.

Así pues, mientras vivamos bajo un sistema capitalista, sería conveniente desconcentrar la actividad bancaria y atomizarla, con un intenso control y procurando que la competencia sirva para una mejor oferta y un mejor servicio y no dejar la banca en manos de cuatro poderosos.

Banca privada y banca pública

Desde posiciones progresistas llevamos mucho tiempo abogando por el regreso de la banca pública, que, a parte de los beneficios sociales y económicos que podría traer a nuestra sociedad y que no son objeto de este libro, supondría también un acicate para mejorar el servicio en favor de las personas.

La banca pública, como servicio público, llegaría allí donde no llega la banca privada, es decir, no habría pueblo sin sucursal. La banca pública acogería a quien no acoge la banca privada, dando al menos un servicio de cuenta básica y pudiendo llegar a construir, como derecho ciudadano, la Cuenta Básica Universal.

Además, la banca pública, obligaría a la banca privada a ofertar mejores servicios y contratos más leales y justos, evitando en buena medida las cláusulas abusivas mediante una sana competencia orientada a la calidad y no al volumen.

El servicio presencial

Este libro nace de la profunda decepción y rabia que sentí en apenas dos meses de trabajo en una sucursal bancaria. El proceso de digitalización está excluyendo a una parte de la población, a la gente mayor y a la gente más vulnerable y eso, con el corazón en la mano, se me hizo insoportable.

He tratado de canalizar la rabia en algo productivo, he reflexionado, he leído, me he documentado y he escrito con el objetivo de que mi experiencia y mis ideas sirvan de algo, que sirvan para que vivamos mejor.

Como todo nacía de la cada vez más precaria atención personal, y como la base de todo gira en torno a la premisa de que "primero las personas", ahora, encarando ya el final del libro, he de abordar el tema de la atención personal.

Es necesario que se regule el servicio que prestan los bancos. El horario de atención al público y en especial la atención en caja o ventanilla debe corresponderse con el horario de apertura de las sucursales. Esto lo recogía uno de los últimos pactos que no se han cumplido entre el gobierno y la banca, es más, yo soy testigo de primera mano de que este pacto fue simplemente un ardid para domar a las fieras que comenzaban a armar un gran conflicto, los jubilados. Redujeron el tiempo de servicio de ventanilla pero se amparaban en que sí que prestaban servicio personal a través de los gestores comerciales... pero si alguien necesitaba hacer una gestión de ventanilla realmente no había servicio.

También sería conveniente que se obligara a las entidades bancarias a ofrecer servicio al menos una o dos tardes a la semana. Quienes trabajan por la mañana, que es el grueso

100

de la población, tienen dificultades para acudir al banco a realizar el más sencillo de los trámites como puede ser actualizar su DNI en las bases de datos. Casi todos los días venía a la sucursal alguna persona que se había pedido el día libre o estaba consumiendo un día de vacaciones para ir al banco y eso, desde luego, es algo intolerable. Por ello, al menos una tarde a la semana, las sucursales tienen que estar abiertas para todas aquellas personas que lo necesiten.

En relación con las personas con dificultades, como las personas mayores, las personas con alguna capacidad mermada o las personas extranjeras, deben tener un canal de trato personalizado y preferente.

En último lugar, por aquello de haber crecido en un pueblo, haré de esta mi última propuesta: es preciso que la atención personal llegue hasta los pueblos, y esto pasa no solo por la iniciativa privada sino también por la pública. Los pueblos no pueden ser páramos excluidos de los servicios financieros, más todavía si pretendemos anclar población en el mundo rural y procurar su dinamización y supervivencia.

El debate de la educación financiera

Seguro que ha visto en la televisión, en los debates y en las tertulias, seguro que ha oído en la radio y leído en los periódicos que es necesario que la gente tenga una mayor educación financiera. Esto de que cuando surge un problema escuchemos por todos lados que lo que es necesario es que la gente tenga más educación es un mantra que creo que debemos combatir y que desplaza la responsabilidad de los verdaderos culpables hacia las personas que los sufren, individualizándonos, aislándonos y culpabilizándonos.

Lo de desviar la responsabilidad de los problemas estructurales hacia las personas individuales es una estrategia muy vieja y manida: el cambio climático y la contaminación es culpa de que usted y yo no reciclamos lo suficiente y además, para colmo, de cuando en cuando utilizamos el coche; no es responsabilidad de un sistema productivo y económico que produce en exceso, con procedimientos ultra contaminantes y que además nos empuja a un modelo de vida basado en un consumo enorme de energía. Otro ejemplo muy manido es de culpar a las mujeres que han sufrido violencia sexual: que si llevaba usted la falda muy corta, que si usted había bebido de más o que si andaba provocando; decir que vivimos en un sistema patriarcal y que la cultura de la violación campa a sus anchas en buena parte del género masculino, la sociedad y en las instituciones y que es necesario revisar todas las estructuras, desde la educación hasta la justicia, poco más que es blasfemar. En definitiva, que no cuela esto de que nos timen en la banca porque somos unos ingenuos sin formación.

No quiero causar equívoco alguno: que la gente tenga más formación y más información es bueno, deseable y conveniente porque esto le dará a cada persona la posibilidad de tomar mejores decisiones. ¡Ojalá que este libro sirva un poquito para este propósito! Sin embargo creo que no es el camino, al menos no el único ni el más importante. No es legítimo exigirles a todas las personas un alto nivel de formación y conocimiento según para que temas pues hay algunos que son extremadamente complejos y oscuros; uno de estos temas, desde luego, es la banca.

¿Podemos exigirle a un fontanero, como era mi padre, o a una trabajadora del hogar o a una dependienta, como lo es mi madre, que conozca el complejo funcionamiento del sistema de intercambio de dinero entre bancos que fija el índice IRPH de su hipoteca? ¿Podemos exigirle a un migrante congoleño o rumano que entienda los riesgos de una tarjeta "revolving" cuando lee con dificultad textos en castellano? ¿Podemos exigirle a un jubilado que sea un experto en banca y pueda asumir el peligro de meter los ahorros de toda su vida en preferentes? Aquí recordaré a Antonio Sotillo, mi profesor de Derecho Mercantil, cuando reconocía que a él le costaba entender las preferentes pese a ser una persona con el más alto grado de formación en la materia.

Si no podemos exigir a todas y cada una de las personas un nivel de conocimiento tan exigente que consiga evitar los fraudes, hemos de poner el foco en otro lugar. En lugar de hablar (solo) de educación financiera, de lo que hay que hablar es de responsabilidad de las entidades y de su personal, hay que hablar de que los poderes públicos tienen que ejercer un mayor control y sobre todo, como sociedad, tenemos que plantarles cara.

La banca es poderosa, poderosísima. Extiende sus tentáculos hasta el Consejo de Ministros, teje sus redes en los Parlamentos y alcanza los tribunales, que, con contadas excepciones y porque claman al cielo, suelen tratar muy bien a las entidades financieras y a sus representantes. La formación individual y colectiva está muy bien, pero no bastará. Para cambiar las cosas en la banca y en cualquier ámbito de la vida necesitamos organización colectiva y acción política, y, desde luego, democracia y parlamentarias y parlamentarios que miren de tú a tú a los poderes y no les tiemblen las piernas ni sueñen con una puerta giratoria y un sillón en un consejo de administración como retiro dorado.

Y con esto, llamando a la acción colectiva y responsable, llegamos al final. Espero que este libro le haya sido ameno y especialmente espero que le sea útil para que no le pase como a mí y como a millones de personas en nuestro país y que cuando se enfrente a la banca no sea usted "el último mono.

EL ÚLTIMO MONO TRABAJANDO EN BANCA

EL ÚLTIMO MONO TRABAJANDO EN BANCA